人生行動
行動人生

生活中的
儒道與
易經智慧

鄭錠堅——著

中國是心靈的國度。
中國文化就是心靈的文化。
道德就是行動！哲學就是生活！
64卦，正是擁抱人間變化的行動實錄。

自序：人生道上風塵僕僕的老朋友

這是一本筆者當了二十幾年大學老師的上課筆記。一個一個的概念、理論，二十多年來，在多門課程上反覆論說，所以這一篇一篇的短文，就像在人生長路上一個一個風塵僕僕的老朋友。而且對筆者來說，哲學理論不只是拿來研讀的，而是可以用的——在多少的人生難關之前，這些老朋友總是在我耳邊叮嚀、與我一起斟酌、在我前方引領。

是時候了，該好好安頓安頓這些老友了。所以結集成《人生行動，行動人生》這本短文集。

書名《人生行動，行動人生》，有著清楚的寫作策略與中心思想。寫作策略就是嘗試通過一篇篇生活的、簡要的短文去討論一個個中國哲學（尤其是儒家與道家哲學）的核心觀念。寫一本生活版或簡易版，而不是學術版的中國哲學文集。

中心思想就是內頁題詞的那幾句話：

中國是心靈的國度。

中國文化就是心靈的文化。

道德就是行動！
哲學就是生活！
易經是擁抱人間變化的行動實錄。

書的內容分成「道德・哲學篇」、「易卦篇」兩個專輯。「道德・哲學篇」20篇短文，基本上每一篇談論一個中國哲學的理論或觀念。「易卦篇」21篇談《易經》64卦，卻不是《易經》的專論，也不是一卦一卦的談，而是打散的、隨興的討論一些64卦中的吉言佳語，也是這二十多年來筆者經常在課上使用的易卦內容。也許這樣的談論方式結構不夠嚴謹，卻很可能散發著更真實的生活氣味。

是的！哲學，是現實的；尤其中國哲學，更是屬於生活的、屬於行動的、屬於人間的；所以這本書是一個努力，嘗試還原人間哲學的本來面目與生活真相。是為序。

二〇一四年三月一日　台北

目次
Contents

易卦篇
——64卦，擁抱人間變化的行動實錄！

道德・哲學篇

——道德就是行動！哲學就是生活！

前言

「道德・哲學篇」嘗試用很短、很生活化、很簡易、很深入淺出的小文章來談中國的文字、文化與哲學觀念。這個專輯共20篇文章，內容一一討論了中、禮樂、志、道、德、仁、遊戲哲學、行動哲學、轉彎藝術、痛苦智慧、示弱哲學、無為、大小、陰陽、八卦、分合、三種基本力、人生三境界、一無所有的境界、放鬆、停止頭腦作用、覺知、當下哲學、整體性哲學等等的生命課題。開始幾篇談中、道、德等幾個中國文字的字形結構與深層涵義，是用比較活潑、生活化的談法；談到最後兩篇——談「一」件事（上）（下）——就談得比較深刻了，內容談及一即四、四即一或一多簡繁的修行原理。總之，希望這些文章是很平易近人的，很活潑的，能讓你很感興趣的；就像題詞說的「道德就是行動！哲學就是生活！」行動裡自有完整的人生答案，生活中即隱藏了最高深的生命哲學。

「中」、中國、中有三義與禮樂

既然《人生行動，行動人生》是一本生活化的中國哲學文集，那麼第一篇短文，我們就談談「中」的概念。

中的古代文字形體很有意思，，從甲骨文的字形來看，中間一直是旗杆，長方或橢圓的形狀是旗幟本身，上下有飄帶，而不管飄帶左飄或右飄，旗杆永遠中正豎立。所以「中」這個字的深層意義是指不偏不倚、中正、核心、穩定的力量。

那，不偏不倚、中正、核心、穩定的力量到底指的是什麼呢？

我們這個國家就叫「中國」，但中國與中華民國、中華人民共和國、唐朝、宋朝、元朝、明朝等等的觀念是不一樣的。前者是文化的觀念，後者種種都是政府、朝代、政體或政治實體的觀念。當然，一個政府有國家理想的層面，也有政治操作的層面，但政治實體與文化理想的概念畢竟是不一樣的。當然，我國的一些政治團體主張中華民國不能自稱中國，以免跟中華人民共和國政府混淆，這樣的政治見解也是可以理解的。筆者只是要指出，**「中國」的原義是一個文化理想，中國是一個文化的觀念，文化與政治的觀念是不一樣的，文化理想與政治實體的觀念也是不一樣的，中國，本來就是指一個奔赴共同**

文化理念的聚合。

關於中國這個文化理念，或者「中」的深層意義，說得最完整的古典文獻就是《中庸》第一章後半段的文字了，引錄如下：

> 喜怒哀樂之未發，謂之中。
> 發而皆中節，謂之和。
> 中也者，天下之大本也；和也者，天下之達道也。致中和，天地位焉，萬物育焉。

從這一段文字，可以整理出「中」的三義：一、**「喜怒哀樂之未發，謂之中」**指情緒發動之前的心靈、心神狀態，這是「本體」的涵義。二、**「發而皆中節，謂之和」**指發動情緒或行動的準確，中和是指人生行動的神準妙用，筆者稱之為心靈的神射手，一箭逮住那隻兔子，這是「發用」的涵義。三、**「中也者，天下之大本也；和也者，天下之達道也。致中和，天地位焉，萬物育焉」**指生命本體與人生道路的各安其位，生發萬物，這是講生命最平衡、適當的狀態，這是「境界」的涵義。用更簡明的白話來說，「中」有三義：

一、中，指心靈。中心的意思。這是「本體」。——體

二、中，指行動。射中的意思。這是「發用」。——用

三、中，指均衡。中正的意思。這是「境界」。——境

所以「中」有三義，分別是體、用、境，那麼**中國就是心靈的國度，中國是（生活的）神射手的國家，中國是指一種均衡中和的生命狀態**。

最後，順便一談「禮樂」的觀念。因為「中」的文化理想，落實為具體的生活，古代就叫「禮樂」。現代人對「禮樂」的不了解是由於對盛世的陌生，現代人碰到的是太多的破碎經驗。事實上，筆者不將「禮樂」當作一項理論來解釋，「禮樂」其實就是一種文化結構、一種生活方式：

禮——文化結構的理性因素。

樂——文化結構的感性因素。

用更簡單的話來講，**禮樂就是一種合理合情的生活方式。我們希望我們國家是一個講理的國家，我們希望我們國家是一個優雅、有人情味的國家**。舉一小一大兩個例子說明。

上課鈴響了，大學生才離開教室，如果是突發的肚子疼，這是可以的，這是合理、合禮的；但如果某大學生是習慣性的上課鈴響才去上廁所，之前卻不利用休息時間處理好私人的事情，這樣的離開教室就是不禮貌、不合理了。另外，上課鈴響了，跟老師示意一下或打聲招呼才離開，這是優雅大方的；但如果別人都坐好，自己卻一聲不響地離開，那就是粗魯了。所以

離開教室也可以離開得合情合理，既優雅得體，又有理有據。可見禮樂並不是固定的規矩，而是一種有彈性的生活方式與態度。

大的例子：真心為了公共議題去示威抗議是合理、合禮的；為了自己的政黨利益而假借公共議題去示威抗議就是不合理、不合禮了。有時候，選擇沉默的靜坐是一種優雅的抗議，沉默常常是一種強大的優雅；相反的，丟鞋子的抗議很可能流於一種粗魯、撕裂情感的行為。也就是說，民主國家的示威、抗議、遊行可以是合情合理的示威、抗議、遊行，也可以是不。

「志」、立志、志氣與志業

我們第一個要談的人生觀念與文字是「**志**」。

志，是生命成長的第一隻腳步。

《論語》說「志於道」——邁開人生道路的第一步。

那「志」這個字本來的含義是什麼？我們來看「志」的小篆字形。

，這個字是由兩個部分組成的：之＋心。

今天楷書的字形，「志」上面的部分是士（士），所以把「志」解釋成知識分子的心情，這是一個美麗的錯誤，很好聽，但是是錯的。其實上面的部分是之（㞢），之乎者也的之，這是一個象形文字，下面一畫不是一二三的一，是土地一；上面的屮是小草、幼苗的形狀。所以㞢就是植物幼芽破土而出，代表生命出現了方向的含義。

「志」下面的部分，就簡單了，當然就是心臟的象形文，意思指心靈、內心。

《說文解字》對「志」的解釋就是「心知所之」，所以**志就是心靈的幼苗破土，開始冒出頭來。志，就是心靈方向的出現啊！**

當一個人心靈的方向出現，也就是他覺醒了、自覺了，他基本知道他人生的道路要怎麼走，他知道為誰而戰、為何而戰，他看到此生的方向了。孔子是十五歲尋找到他的生命方向的（《論語‧為政篇》：「吾十有五而志於學」），筆者二十三歲找到，你呢？

古時的儒者說「立志」，佛曰「發願」或成就此生的「大事因緣」。儒者立志通常是立志當聖賢、君子，古代話是「希聖希賢」。隨意講講：聖人是90分以上的高度成熟人格，賢者是80分以上的成熟人格，那君子的人格高度就是70分以上罷。君子是才、德皆美之士——才指專業能力，德是品格能力（像處理感情、寂寞、煩惱、失敗、成功等等的品格能力）。也就是說聖賢、君子是人品或人格的問題，不只是職業的問題；不管什麼專業，在各行各業裡做好一個「人」，這是一門不容易的人生功夫啊。至於佛家說的大事因緣，意思就是人來這個星球走一遭，都是為了還一樁大事因緣而來，每一個人的因緣都不同，找到此生的大事因緣，就等於找到此生的生命方向了。

那麼志氣的意思就是一個人的心靈方向出現之後，會自然而然的流露出一份自信篤定的氣勢與風度；因為前路看清了，眼睛就雪亮了，步伐就穩健了。

至於志業，當然就是由心靈方向出發成就的事業，**志業就是心靈的事業**。也許，職業、事業、志業，是全然不同的工作理念：

職業：為生存工作稱職業、職業是生存的工作、職業關乎工作的內容與型態。

事業：為野心工作稱事業、事業是欲望的工作、事業滿足工作的成就感。

志業：為理想工作稱志業、志業是心靈的工作、志業達成工作的理想性。

最後的問題是：人生的「志」怎樣才會出現？什麼時候會出現呢？照理說，對一個自然、健康的生命來說，人生的「志」會自然而然的浮現。問題是，現代人的成長過程多半是既不自然也不健康，那只好等到某天靈光乍現，心念發動，將「立志」這件大事因緣放在心懷，提上人生的日程，無時或忘，但同時又懂得自然而隨緣的廣泛涉獵、學習各種人生經驗——「**自覺而自然**」的尋找；那麼，筆者大膽的提出一個參數，對大多數人來說，約三年左右，當有斬獲，可以覷見心靈的幼苗開始破土而出了。

什麼是「道」？

可以說，道是中國文化最高的一個字或一個觀念。

基本的說，道指的是宇宙本體或萬物本源，但這是學術概念；那道最原始的意義呢？「道」這個字本來的含義是什麼？我們來看「道」這個字的小篆字形。

𨗨，從辵首。其實這個字是由三個部分組成的：彳＋止＋首。彳，是畫人體側面從臀部到大腿到小腿的肌理。引申為「走路」的意思。

止，就是今天楷書腳趾的「趾」字。引申為「停下腳步」的意思。所以《說文解字》對辵的解釋是「乍行乍止」：走一段→停下來→走一段→停下來→……這不是對人生歲月很好的形容嗎？

首呢？更簡單，就是人頭的象形文。上面三根代表頭髮，下面是面部的形狀。這個字的造型很卡通吧！值得注意的是，這個人頭沒戴帽子，意思是不是當官的，是平頭老百姓。所以「首」這個字，有沒有感到是在是畫一幅死老百姓探頭探腦的模樣？很生動吧！

所以三個部分加總起來（彳＋止＋首），「道」這個字的本來意義就是：**人生的路就是探頭探腦的乍行乍止啊！人生的路總會走得跌**

跌撞撞。這不是對人間行道很真實的寫照嗎？

原來中國文化最高深的字的含義是這麼生活化的，很清楚了，中國文化就是「人間道」。**但人生啊就這樣走走停停、跌跌撞撞、探頭探腦的乍行乍止，只要堅持走下去，總有通的時候**。**這就是道了，道就是「通路」的意思**。所以，當爸爸的路走通了，是「父道」；當子女的路走通了，是「孝道」；人與人之間可以溝通，是「仁道」；人與劍合一，是「劍道」；人與茶的對話，是「茶道」；人了解下棋了解得很深，是「棋道」；人跟大自然合一（登高峰常有的經驗），叫「天人之道」。

有道，就通；沒道，就不通。萬象森羅，莫不有道。所以道，極高明，也尋常。

什麼是「德」？

談完道，談德。

一般人對道德的觀念是有誤的，尤其德，「德」的屬性基本上是內在的，不是外在的。那「德」這個字本來的含義是什麼？我們來看「德」這個字的小篆字形。

德，這個字也是由三個部分組成的：彳＋直＋心。

彳，《說文解字》的解釋是「小步也」。上一篇文章已經說過，是畫人體側面從臀部到大腿到小腿的肌理。引申為「緩步、走路」的意思。

直，就是直率。

心，當然就是指內在真正的想法與心意。

《說文解字》對「德」這個字的解釋是「升也」，而整個字的字形結構是「直心行之」，綜合來說，「德」的意思就是**聽從內在的聲音去做，呼應內在的呼喚去行動，生命的力量就會提升啊！**

所以我們說，德是內在的，不是外在的。

德不是古板的教條，**德是跟著感覺走**。

德是呼應、順從內在心靈去行動而學到的經驗、心得。

德，就是人生心得。

道德五說

前面兩篇文章分別談「道」與「德」的字形與意義，在本文，將兩者做一個整合，提出筆者關於「道德」觀五個層次的說法。

一、分說

道，道路。（way）

德，心得。（experiences）

二、合說

走在人生道上撿拾到、學習到的經驗與心得。

三、繫說

每個人面對獨特的際遇、環境，生命力使用出來，心靈沒有成見、適當的介入，所得到的經驗，德。

首先，每個人生所遇到的事情與環境當然都是不一樣的，每一個人生的故事都是不相同的。

接下來要稍稍解釋「**生命力**」的觀念。一個人做事有沒有投入生命力是天差地別的。譬如：一個老師用生命力講課，課的內容是活的、精彩的；如果重複著十幾年千篇一律的內容就只是一個教書匠。一個球員用生命力打球是目光如虎、神采飛揚的；如果因為體力下降導致生命力用不上來，球就會打得蹩手蹩腳。一個人談論他熱愛的事情時，會從眼睛中看到生命力的輝光；如果相反的談到他覺得索然無味或討厭的事物時，眼中的光彩會黯淡下來。一個藝術家用生命力創作會得心應手，屢有突破；相反的如果生命力用不上來，就會遇上創作的瓶頸。「**生命力**」其實是很難解釋的，可能是熱愛、潛力、高度專注、遊戲狀態、適當時機等等的整合表現罷。比較接近儒家「有為」的觀念。

相對的是「**心靈沒有成見**、**適當的介入**」，這是一種不用力、沒有先入為主的成見、不要求、不計較成敗輸贏、輕重適中的做事態度。因為一個人做事如果心有成見，或者力道用得太輕或太重，都會影響到「**生命力**」的表現。所以這裡所談的比較接近道家「無為」的觀念。

也就是說，這個道德觀的繁說結合了儒家與道家、有為與無為、入世與出世、全力以赴與行雲流水、不怠慢與不要求的修養，其實也是一種「陰陽合一」的人格表現。

四、另說

回教蘇菲宗智慧語錄《蘇菲之路》裡有一則標題「擁有」的智慧語，很接近本文所談道德的觀念：

> 你唯一擁有的，就是沉船時你不會失去的東西。

這句智慧語一針見血，不是這樣嗎？只有在極限情境、非常情境中我們還能夠保有的，才是德、內在財富、真正的心得、唯一的擁有、真正的財富罷。

五、真假

根據上文的討論，可以進一步引申出真假道德的觀念。道德有真有假，兩者的意義與功能是不一樣的。

真道德是「千人千面」，假道德是「千人一面」的。一千個人，就有一千條人生道路；一千條人生道路，就有一千個不同的人生故事與飽含其中的經驗與心得。所以真正的道德世界是豐富多元的，每個人理當有一套屬於自己的道德，每個人的道德都是不一樣的。至於假道德卻是一條鞭法，一千個人只有一套標準，其實那不是人生道路上的心得，而是法律與規定，法律與規定自然有它的意義與功能，但與真正的道德是不一樣的。也就是說真道德必然是多元，假道德卻是單一的。

由此推論，**真道德的意義是「參考」，假道德則是一條一條的「命令」；真道德只有「參考值」，不是「絕對值」**。一套一套的道德都是前賢留下的經驗智慧，孔子有孔子的道德，孟子有孟子的道德，蘇格拉底有蘇格拉底的道德，柏拉圖有柏拉圖的道德。也就是說，孔子有孔子的經驗智慧，孟子有孟子的經驗智慧，蘇格拉底有蘇格拉底的經驗智慧，柏拉圖有柏拉圖的經驗智慧。而這所有的道德或經驗智慧，對我們來說，都是拿來「參考」用的，不是必須「遵守」的；也就是說，對前賢們的道德或經驗智慧，我們理當尊重，但如果我們不喜歡或覺得不適合，也可以完全不用管或者只是吸收局部的經驗，這才是道德的真義。相反的，每當老爸、老媽、老師、老闆告訴我們「你必須這樣做、你必須那樣做、你不可以這樣做、你不可以那樣做」時，這些都是命令、規矩，不是道德；面對命令、規矩，我們選擇遵守或不遵守，但面對他人的道德（不管是誰的），我們只需要參考就行了。在道德的天地裡，任何人都是自由的。

打一個比方，**真道德是「籃球戰術」**，**假道德是「籃球規則」**。籃球規則必須遵守，否則比賽就無法順利進行下去。但許許多多偉大的球員留下來一套一套的籃球戰術，儘管精彩，但沒有一場真實的球賽是完全照著任何一套戰術來打的，人生的球賽是必須隨機應變的啊！每一個人都理當打出一套屬於自己的籃球戰術——自己的人生，自己負責；自己的路，自己走；自己的仗，自己打；自己的戰場，自己上啊！同理，籃球戰術只是用來參考的，也沒有任何一個成熟的教練會叫他的球員死板板的照著戰術作戰的，每一個人生賽場的球員都應該打出一套屬於自己的戰術及風格。

這就是真假道德的觀念。

道德既然是人生路上的心得，那麼，本文最後，舉幾條筆者個人的「道德」，作為例證，僅供「參考」：

在混帳的環境裡活得朝氣蓬勃、生龍活虎。——筆者在軍隊中的心得

生命中沒有痛苦，像炒菜不加鹽。——第一次失去親人時體會到的痛苦智慧

生命的活潑是不容計畫的。——生活的心得

心靈用一千個聲音說話，每個生命只聽得懂幾個句子。——讀書的心得

恐懼源於害怕失去什麼。磊落因為不害怕失去什麼。——內視自己的心的經驗

幾點關於品德的看法

所謂品德，就是人品道德。關於道德，前文已經說了許多。至於人品或人格，就是說某人做人做得很有樣子，大家服氣；很有格調，讓人心折。總而言之，就是「做好人」的問題。所以關於學做一個好人或人品道德，筆者再提出幾點看法。

一、「做好人」不只是一種品德，還是一門專業。

品德還要談嗅？品德不就是做好人嗎？

是的！怎樣做好一個人或做一個好人，是一門需要好好談談的學問。

「做好人」不只是智慧，也同時是一門技術、一項專業，要學的，如果不懂，就會出現「好人不長命」、「不會做人」、「幫倒忙」、「愈幫愈忙」……等等窘況。

事實上，一切的道德學、人生哲學、中國文化甚至整個東方文化，都是在討論品德教育的問題。

二、知識就是力量，品格也是力量。

是的！一個人的品德或品格也是可以很有力量的。

歷史上，正反兩面的例子都很多。

正面的例子，譬如：孔子、佛陀、五四運動的「新青年」、慈濟、諾貝爾、史懷哲、德雷莎修女、賣菜阿嬤……等等。

負面的例子，譬如：希特勒、毛澤東、馬可仕、某前總統、撞傷女友的男大學生、打公車老先生的研究生、罵公車老伯伯的小弟弟、在火車平交道摔車的悲慘騎士[1]……等等。

正面的品格可以改變歷史，而一個人沒品也會造成毀滅性的力量。龍應台在《請用文明來說服我》一書中說：「沒有品格，權力可能就是災難。」

---

[1] 這幾個都是真實的社會案例：

兩個男大學生同時追求一個大學女生，結果輸的一方想了個歪主意，開車將女方撞倒，再送到醫院好好照顧以挽回感情。

在公車上佔坐博愛座的研究生，老先生要求讓座，反而被研究生過肩摔。

相似的案例，公車上佔坐博愛座的小學生被老杯杯要求讓座，一時衝動開口罵長輩。

更扯的是一個在平交道摔車的機車騎士，被鐵軌卡住，監視器拍到關鍵十幾分鐘的畫面，許多路人經過卻無人援手，最後騎士竟然慘遭火車輾斃。

缺德、沒品或沒格是很可怕的——品德的缺席會造成一個無間地獄。

三、品德問題沒有標準答案

從很多日常生活的例子都可以看出來品德的標準是不固定的，就像上文所說真道德是「千人千面」的。譬如：大學生能不能蹺課？能不能遲到？遲到了應該怎麼做？能不能上課中間離開教室？看到老師要不要打招呼？公車上博愛座能不能坐？能不能說謊？可不可以有婚前性行為？這些問題都有雙面的答案。

舉一個例子。有些大學生習慣性的遲到20分鐘或半堂課，基本上這是沒品的遲到；在教室外面偷聽只要老師沒點名就不進教室，更是沒品的遲到；但偶而發生意外的遲到，這是可以接受的遲到；如果不小心遲到了，靜靜進來不要干擾上課，而且還能大方的跟老師輕輕揮揮手致意，這就是有品的遲到了。遲到也可以遲到得很優雅、很有道德的。

再舉一個例子。在校園看見老師真的想跟老師say hello而且直接的做了，這是熱情；不想跟老師打招呼只是覺得不得不，這是習慣性動作；為了分數而打招呼，這是虛偽；如果當天身體不舒服或心裡真的有事而不想跟老師打招呼，那就低著頭默默的錯身而過，我覺得這是勇氣。也就是說，跟老師打招呼不一定是道德的，不跟老師打招呼也不一定是沒品的。

四、「德」是愈付出，愈豐富；愈磨練，愈成熟；愈服務，愈壯大。

老子說：「聖人不積。既已為人己愈有，既已與人己愈多。」聖人（尋找生命成長的大成熟者）不積財，也不積德；前者不是成長者的主題，後者不用積，因為「德」是愈付出，愈豐富；愈磨練，愈成熟；愈服務，愈壯大的。

佛家講三種佈施：財施、法施、無畏佈施。其實就是講三種付出的概念。其中財施與法（德）施的性質正好相反——佈施金錢，自己有一百萬，捐出五十萬，自己就剩五十萬了，愈付出，自己愈貧乏；但佈施智慧或人生的心得就不一樣，愈教會別人，自己的理念就愈清楚，經驗值與信心當然也會愈增加，愈付出，自己愈富饒。

所以本文講了幾點關於品德的意見，下面是簡單的小結：

一、**品德是需要學習的**。

二、**品德是很有力量的**。

三、**品德沒有標準答案**。

四、**付出是品德的一個重要關鍵**。

「仁」與親密關係

一連幾篇文章都在談「道」與「德」的問題，在本文，轉個方向，我們來談中國文化另一個關鍵字：「仁」。

「仁」的古代字形是：𡰥。《說文解字》的解釋是：「親也，从人二。」也就是說，仁是二人之間的親密關係。但需要稍稍的說明，親密關係不指距離的遠近，人與人之間是否親密其實是取決於心的流通。譬如：強暴，兩個肉體很接近，但一點都不親密，甚至是親密的傷害；相反的，兩地書信傳情，人跟人之間的距離或許很遠，內心卻可能充盈著親密的感受。另外，還要強調一點，必須是兩人之間的互動才叫「仁愛」，單向的好感或親密就不構成仁了，可能只是「單戀」。那麼，小結一下，做個定義：**二人之間互動的親切感就是仁**。

《論語》述而篇說：「依於仁。」意思指做學問不能偏離人性，不能忽略人的主題，一切學術、文化、制度的建立必須以人性為準繩。

仁是《論語》的關鍵字，也是中國文化的核心觀念之一，定義不過如此，可見中國文化確實是道地的人間文化、生活文化。

不過，想深一層，這麼簡單的觀念與解釋就可以涵蓋盡人間所有的人際關係甚至典章制度了。因為對別人好，永遠只能對一個人好，在愛的世界裡，人群是抽象的，複數是不真實的，試想想看，在每一個當下，我們不可能同時面對兩個人，我們不可能同時照顧兩個人，我們永遠只能與另一個人發生真實的互動。**在真愛裡，永遠是二人世界**。所以，與妻子溫柔而親切（心的感受）的互動（必須雙方願意，不能有絲毫勉強）是仁，與父母溫柔而親切的互動是仁，與朋友溫柔而親切的互動是仁，與子女溫柔而親切的互動是仁，與老師溫柔而親切的互動是仁，甚至與一隻小狗溫柔而親切的互動也是仁……同理，一個制度能夠溫柔而親切的與個人互動，就是一個好制度，就是一個仁愛的制度；相反的，如果一個制度不能夠溫柔而親切的與個人互動，那就是一個壞制度，一個不仁的制度，或者說，是一個官僚的制度了。

遊戲與專業

《論語》述而篇：「志於道，據於德，依於仁，游於藝。」講的是學習的四個條件。前幾篇文章一一討論過「志」、「道」、「德」、「仁」等幾個觀念，接著在本文，我們來談談「游於藝」。

「游於藝」事實上包含了「游」與「藝」兩個觀念，我們先來說「藝」。

藝，技藝。用今天的語言與思考，其實很接近「專業」的觀念，也就是說要有紮實的專業素養，要有強大的專業能力，學習要有下苦功的一面。這就是「藝」的意思。但要用怎麼樣的態度去面對專業素養與專業苦功呢？那就得談到「游」的哲理了。

游指一種優游或遊戲的人生態度，意思就是**用玩的心情、遊戲的態度去面對刻苦的專業學習。學習本來是主動而興高采烈的，學習如果覺得無聊，一定是哪裡出了問題。學東西就是要好玩啊！**覺得好玩，興趣盎然，才會大幅提高學習效果，才會有無窮的發展潛力，所以遊戲的學習態度其實是非常必要的。

也就是說，**「游於藝」包含了「遊戲與專業」或「遊戲與苦功」兩種對反的生命狀態，就是要用玩遊戲的心情去下苦功、吃苦頭。**

這可能做到嗎？可能的，只要對所學的事情有真正的熱愛，人是可以做到奮不顧身、甘苦如飴的。

那麼《論語》所說學習的四個條件「志於道，據於德，依於仁，游於藝」，用白話來詮釋，意思就是：要找到屬於自己的道路，然後逐漸累積醇厚的人生心得，但一切文化與知識的學習不能離開人性的關懷，同時要用玩遊戲的態度去進行刻苦的專業學習。**更簡單的說，學習的四個條件就是生命道路、人生心得、人性考量與專業素養。**

更深刻的分析，「游於藝」包含了一個很重要的哲學理念——遊戲哲學。**「遊戲」本身有著更深刻的哲學內涵，遊戲不只是遊戲，遊戲事實上是一種哲學主張，遊戲是一種生命態度，甚至可以說，遊戲是一種高效能的做事方法。因為人只會做好自己真正喜歡的事情。**修行大師奧修說**「遊戲並不是一個目標，它不可能是一個目標。當你忘掉目標，當你並沒有要去到任何地方，當那個想要去到哪裡的觀念被拋開，那麼就在此時此地，那個遊戲的心情就會開始在你裡面成長。」**在遊戲中，我們變成一種純粹的存在，遊戲沒有涉及任何目標，遊戲只是為了純粹的喜悅！在真正的遊戲裡，沒有人是贏家，也沒有人是輸家，因為那個贏和輸的觀念是人為的，而遊戲實事上是無為的，遊戲是很道家的，遊戲就是遊戲，遊戲不需要有任何結果。「遊戲」正是這樣一種「沒有自我」的最佳狀態。在遊戲中，只留下純粹的能量、喜悅、與快感，自我的考量是不存在的。不錯！遊戲的生命態度是道家的、無為的、非目的性的、不抗爭的生命狀態。當一個人自然而然、不抗爭的投身生命之河，跟它玩，然後產生很大的喜悅，那就是遊戲。

另方面，老子說「無為而無不為」，當一個人愈放鬆、愈沒有任何目的與壓力，就愈能夠把事情做好。用遊戲的態度去做任何事，也正有這種雲淡風輕卻能力高強的表現。

所以，「游於藝」是一種學習的雅興，一種心態的從容，一種無為的風度，一種並不是玩世不恭的遊戲人間。

行動哲學

——道德就是行動！哲學就是生活！

你以為，道德是什麼？哲學是什麼？

根據前面幾篇文章一一分析道、德的字形結構、意見、定義等等，我們是不是可以帥氣一點的說：道德就是行動。

那，哲學呢？至少對東方的哲學來說，哲學的重點並不是高深的理論，哲學所談論的是人生問題、生命問題的解決，所以：哲學就是生活。

道德就是行動！哲學就是生活！

尤其儒家思想的主題就是行動哲學。

關於道、德，我們談了很多了，接下來，我們來看看「哲」這個字的字形結構。

，這個字是由三個部分組成：＋＋。寫成楷書就是：手＋斤＋心。

手就是手的形狀。

斤是斧頭的形狀。

心就是心靈。

小篆的字形，「哲」字下面從心，不從口。古代的字形是更準確的——哲學不只是動嘴巴的事情，更是用心的事情。

《說文解字》對「哲」字的解釋是「知也」，知同智。綜合字形與字義，「哲」的意思就是**心靈之手，執智慧之斧，論斷人間萬象**。所以中國哲學不是一種純粹的思考，而是要真實解決、決斷（斧的意象）人間的問題。可以這樣說，**中國哲學是人間的哲學，尤其儒家思想，是「入世道」，不是「出世道」；不是「出離道」，而是「人間道」**。那麼在人間行道，重中之重就是行動的問題了。

千古學問，盡在躬行啊！躬行，就是自己去做。做，才是真實的；從思考、理論指向行動，才是圓滿的；做，才是主題。筆者常常對學生說：**人生的答案不在腦袋，甚至不在心靈，而在雙手與雙腳；做，就對了；行動才是重要的，成功、失敗不是重點，不管成功或失敗，行動過程中留下來的經驗與智慧才是主題，而且人生的逆境往往才是最深厚豐富的人生學分。**

總而言之，道德就是行動，哲學就是生活，行動哲學是中國文化裡很核心很核心的一個部分。最後，我們看看下列經書的印證：

《繫辭傳》：「君子藏器於身，待時而動。」

——一個有實力的人，等待最佳時機行動。

《繫辭傳》：「見幾而作，不俟終日。」

——看到時機了，就做，不會拖延，不會等到一天的結束。

《論語・學而篇》：「行有餘力，則以學文。」

——行動優先，學習文化其次。

王陽明《傳習錄》：「事上磨鍊。」

——在實際做事上磨鍊能力、學問、人品、經驗。

王陽明《傳習錄》：「知是行的主意，行是知的工夫；知是行之始，行是知之成。」

——這就是著名的知行合一。

王陽明《傳習錄》：「未有知而不行者，知而不行，只是未知。」

——行動才是主題。

王陽明《傳習錄》：「一念發動處，便即是行了。」

——行動在看見它之前就已經開始了。

轉彎藝術

——詭辭

上一篇文章談行動哲學——行動是人生問題的最佳答案。那麼，應該怎麼行動呢？

筆者必須說**人生的行動往往不是走直線，而是轉彎**。

行動的藝術就是轉彎的藝術。

有時候，做人做事要直率；但更多的時候，道上行人要懂得轉彎、曲折、迂迴，或者隱忍、沉潛、按兵不動。當然，隱而不發，也是另一種形式的轉彎罷。在這個複雜的人間世，如果只懂得走直線，遇到門不去開，碰上攔路石不拐，一定會摔得頭破血流，撞得眼冒金星。

也許，**曲折才是人生的常態，轉彎是必須學會的步數**。

至少可以這樣說，**老到的人生理當是時直時曲、可直可曲的**。**直率要有勇氣，轉彎考驗修養；正確的直路得靠犀利的直覺，靈活的轉彎有賴深沉的智慧**。

所謂「屈伸之道」——又稱「毛毛蟲理論」。毛毛蟲總是先行彎屈自己，再前行；彎屈自己，再前行；彎屈自己，再前行；彎屈自己，再前行……人生何嘗不是如此。人常常是必須學會委屈自己，畜養實力，才能重新邁步，行萬里路啊！

所謂「直道曲成」——直接的理想（真理）必須通過曲折的方式完成。這就是轉彎的藝術，人生的目標往往是透過更迂迴、精細的過程才能完成。

又所謂「二律背反」——二律背反是康德在其著作《純粹理性批判》中提出的哲學概念。意指同一個對象或問題所形成的兩種理論既各自成立又相互矛盾的現象，又稱為「矛盾的統一律」。意思是說：在因果律規範的科學世界裡，A與-A不能同時存在，從A不能推論到-A，反之亦然。但在真實的人生裡，A與-A是可以並存的，從A可以推論到-A，反之亦然。見下表：

科學世界	A→-A 或 -A→A	×
真實人生	A→-A 或 -A→A	✓

譬如：誠實是A，說謊是-A，在真實的人生裡，經常二者同時發生啊——了解性格軟弱的癌末病人的醫生選擇暫時隱瞞病情而對病人說謊說「沒事！你只是一般性的胃痛了」，或者被暴徒脅持為人質的幼稚園老師為了不讓孩子的心靈留下恐懼的陰影而對學生撒謊說「這幾個叔叔是來跟我們玩驚喜遊戲的」等等。有時候，說謊是為了完成更大的真誠！所以孟子也說：「大人者，言不必信，行不必果，唯義所在。」在科學的世界裡A與-A不能並存，但在真實的人生裡兩者經常是重疊、互動、互攝的。看來人生的複雜遠遠超過單純簡化的科學領域。

這種轉彎的藝術，道家的祖師爺老子談了很多，他特別稱之為「詭辭」，詭異的言辭，這是老子一種特殊的表達方式。《道德經》78章稱為「正言若反」——正面的命題透過反面的方法提出與證明。是不是有點像康德的二律背反，或者可以說二律背反正是西方版本的老子詭辭。而不管詭辭或二律背反，都是在說明一種「道的辯證性」——人間的真理往往並非直證，矛盾雙方要通過一個辯論的過程去證明。譬如：

一、反↓正／經↓權，或者

二、●⇕○☯。

「經」與「權」也是一對很有趣的觀念。「經」指原則，「權」是手段。經權是互動互通的——**沒有原則的手段是卑鄙，不懂手段的原則是智障；沒有經的權是黑暗的權，缺乏權的經是白目的經。**

在《道德經》裡，有很多精彩的詭辭，下文舉《道德經》41章的一些例子：

「明道若昧」

——明，A；昧，-A。亮麗的人生必然需要經歷一段埋頭苦幹的黑暗日子。

「進道若退」

——進，A；退，-A。這就是成語「以退為進」的原始版本。

「夷道若纇」

——真正平坦的道路（夷）表面看起來是崎嶇的（纇）。常有的經驗：愈危險，愈專注，愈不容易出狀況。

「建德若偷」

——建立道德，A；當小偷，-A。建立道德要像當小偷？這句話怎麼講？就是說做好人好事要暗裡做，為善不欲人知，做好事不是為了沽名釣譽啊！所謂「積陰德」，就是這個意思。李白〈俠客行〉說古代俠客「事了拂衣去，深藏身與名」，就是這個境界。徐志摩〈再別康橋〉說「拍一拍衣袖，不帶走一片雲彩」，就是這種風度。

「大方無隅」

——「方」指做人的方向、原則、稜角，是A；「無隅」就是沒有邊邊角角、沒有原則的意思，是-A。但真正擁有人生大方向的人，表面看起來卻是很圓滑、收斂鋒芒、沒有古板的原則、很隨和、很好相處的。因為心懷天下的人是不會計較小事情的，儘管堅持立場，但常常對事不對人。

「大音希聲」

——偉大壯美的生命原音往往是無聲的。譬如：宇宙運行的節奏、文明工程的律動、真理的呼喚、愛的澎湃、生命成長的步伐等等。

轉彎的藝術或詭辭的哲學告訴我們：真理可以直證，但人生行道絕對是「大直若屈」的。生命的複雜性、多元性與矛盾性，在科學界不能成立，在人生裡是絕對可能發生的。這是一個具體的生命現象——人生是絕對複雜，絕對矛盾，但也可能是絕對統一，絕對諧和的；靠的就是一個實踐、成長的生命歷程。

痛苦智慧與示弱哲學

——反者道之動，弱者道之用

這是老子《道德經》40章的兩句話：「反者道之動，弱者道之用。」

這也是兩句詭辭，兩句原則性很強的詭辭。

上一句談痛苦智慧，下一句是示弱哲學。

「反者道之動」談論反面經驗、痛苦智慧。用簡單的白話文翻譯：反面經驗是真理發動的最佳時機。這就是痛苦智慧了。痛苦有智慧嗎？有的。因為痛苦的出現，往往是由我們內在的塊壘坎坷造成的，人總是繞不過自己性格的障礙，一再重複的落入相同的人生陷阱。只有自己，能讓自己過不好。而掉入陷阱，痛苦出現，等於是提醒自己內在障礙的存在，這正是面對、沉思、整理、拔除這些內在的彎彎繞繞的最佳時機。所以痛苦是邁過心障、生命升級的契機，痛苦提醒我們是時候跟那些內在的「老朋友」好好的對話對話了。因此學習痛苦智慧有一個巧門，就是「面對」。逃避痛苦，痛苦的根源一直存在，一直會如影隨形的跟著你我；只有面對、擁抱痛苦，才能看到痛苦背後原來有著更寬廣深刻的天地。所以老子會說反面經驗出現，人生充滿痛苦，卻是真理蠢蠢欲動的時候啊！

下面是筆者整理的一些關於痛苦智慧的佳句：

學在混帳的環境裡活得朝氣蓬勃，生龍活虎。

委屈可以產生很大的力量。

偉大的創造與領悟，源自偉大的心靈；偉大的心靈，源自偉大的折磨。

甘苦相生。

生命裡沒有痛苦，像炒菜不加鹽。

迎接痛苦，可以轉化、清理痛苦；逃避痛苦，人生只會愈加痛苦。

痛苦最大的優點是使人清醒。痛苦最大的缺點是繼續痛苦。

痛苦讓強者的心靈純化。痛苦讓弱者的病情惡化。

痛苦含藏龐大的能量，必然推動人生向上或向下。提昇抑沉落，端看人心的選擇。

在泥濘中找到答案，從此刻開始，再也不用偽裝成一個驕傲的人。——電影《前進高棉》

至於「弱者道之用」則是說明如何幫助他人、教化他人的示弱哲學。是的！助人者得身段柔軟，姿態要低，才能避免被幫助者剛強的主體性起而抵抗。這正是「柔弱勝剛強」的道理。

譬如輔導問題青少年，老經驗的輔導老師都知道不能擺高姿態，你不能說大道理，不能對他們說教訓話，否則道理沒說完，沒準那些小屁孩的刀子就砍過來了。也就是說，輔導者得學會用這些問題孩子的語言說話，用他們的思維方式看事情，說誇張點要跟他們一起抽菸、爆粗口、嚼檳榔、喝酒，用柔軟的方式瓦解他們剛硬受傷的心防，等到孩子不知不覺接受、信任、甚至尊敬輔導老師，然後逮到契機幾句話丟進孩子的心坎裡，一石沖開千重浪，才可能成功引領一個迷失的孩子。所以「弱者道之用」的意思就是：示弱有時候是真理用來感化他人的一種智慧。

同理，「潛移默化」是一句很厲害的話——偷偷摸進去對方的內心腹地（潛移），不說一句話（默），用身教，不是用言教，用行動，不是講理論，就將對方的心牆推倒，將對方的整個心結「化」掉啊！「易傳」的「稱物平施」、「以上下下」也是講同樣的示弱哲學。幫助他人，要衡量對方的獨特性（稱物），然後平平的、不亢不卑的、不擺高姿態的「施」出愛與幫助。「平施」真是一個好詞，雲淡風輕的平等的他愛。「以上下下」也一樣，不管是輩分、位階或學問比較高的（以上）用低姿態、謙下的態度去面對（下）輩分、位階或學問比較低的（下），這也是一種柔軟的態度。綜合幾個關鍵字來看——「弱」、「潛」、「默」、「平」、「下」，幫助他人要示弱、要偷偷摸摸、要不講話、要平等、要低姿態，可以清楚看見中國文化裡示弱哲學、柔軟智慧、低頭策略的愛人的力量。

總結這兩句很「大」的詭辭：「反者道之動」談痛苦智慧，「弱者道之用」講示弱哲學；「反者道之動」討論生命成長的問題，「弱者道之用」思考如何有效的幫助他人；所以「反者道之動」是自愛、內聖的修養，「弱者道之用」是他愛、外王的功夫。

如此說來，痛苦與示弱，都是人生行道的重要配備。

無為哲學

上兩篇文章一直談詭辭，事實上老子《道德經》裡最大的一句詭辭是：無為而無不為。這是最大的「正言若反」。

一般只知道老子談「無為」，那只是老子學問的百分之五十，卻不知道「無為而無不為」才是老子學問的全部，這是老子最具代表性的一句話。那，到底什麼是無為？什麼又是無為而無不為呢？

先說無為。

首先，對無為最糟糕的解釋就是「不做事」。**無為不是不做事，無為不是知識或理論，無為也不是無形的精神境界；相反的，無為是一種實用的人生策略，無為是一種具體的生命態度，無為是一種高效的做事方法。無為不是名詞或形容詞，無為是動詞，無為是一種行動**。或許可以說，**無為是一種更乾淨、更高效能的行動**。

好罷，我們先行看看無為的定義，從身心靈三個方面去定義：

身：放鬆。

放鬆就是身體的無為。

放鬆的身體是乾淨的身體，放鬆的身體是快樂的身體，放鬆的身體是可以做更大的工的身體。

心：鍵出、delete、清除、焚燒內在的負面情緒與能量。

所以心的無為就是生命治療的工作。

即像上文所說的，無或無為，是動詞，把內在的負面情緒與能量「無」掉，這是清理內在垃圾的精神環保工作。

還原、修復一顆健康的心就是無為。

無為的心是一顆健康的心、是一顆寧靜的心、是一顆沒有生命陰影的心、是一顆沒有得失心的心。

靈：不要求的精神素養、清淨的心靈狀態。

在身與心無為的基礎上，生命進入不要求、清淨的精神境界，這是靈的無為。

從身、心、靈三個層面說無為：身體「放鬆」，心中「無怨」，靈入「無言」。

人生啊，常常是愈想要什麼，愈失去什麼；愈怕什麼，愈來什麼；經常會出現「無心插柳柳成蔭，有心種樹樹會倒」的情形；所以學習無為，讓心裡放下種種要求，反而會將做事的能力提升到最佳的狀態。從這個角度來看，無為不是一門哲學，而是一種聰明的人生策略。

《道德經》67章說：「**我有三寶，持而保之：一曰慈，二曰儉，三曰不敢為天下先。慈**

故能勇；儉故能廣；不敢為天下先，故能成器長。」用白話文說，老子三寶就是：一、仁愛，二、生活簡單化，三、卑下哲學。第二寶「儉／生活簡單化」正是一種無為的生存策略。22章：「**少則得，多則惑。**」這一章也是。人生要豐富卻不複雜，這也是無為的智慧，一天裡面想做太多事情往往正是煩惱的根源。

談完無為，再說「無為而無不為」。

《道德經》10章所說的「**滌除玄覽**」，意義很接近37章的「**無為而無不為**」。滌除心中塵慮，才能發出玄妙的觀覽。滌除是無為，玄覽是無不為。我們先將兩者的關係整理成下表，方便下文的討論：

無為	無不為
滌除	玄覽
因	果
體	用
本體	發用
基礎	發展
內在	外在
心靈修養	人間行動
心性道	人間道

無為（道家）	有為（儒家）
清靜的聖賢之心	靈動活潑、如意妙用、魔法師般的實踐智慧與行動能力
身：放鬆	•身體放鬆、柔軟了，沒有肌肉緊張，才能透過全身的協調打出更好的球質、發出更勁的拳、做出更大可能性的身體律動。這是許多球員、武家、舞者的共同經驗。
心：清除、焚燒內在的負面情緒與能量	•內在的負面情緒與能量愈是清空、移除，內心的無障礙空間愈大，生命的潛能愈可能泉湧而出，也就可以愈加靈活的面對種種人生的挑戰。
靈：不要求的清淨心	•在身、心無為的基礎上，靈性得以進入清淨而覺知的不思議境界。

從上表，可以清楚看到無為與無不為因果、體用、基礎與發展、清淨的心靈修養與靈活的人間行動的關係。在無為的修養基礎上無不為，所以無為是心性道，無不為是人間道；無為當然是道家講的無為，無不為則接近儒家談的有為啊！要注意的是，無不為不是「無所不為」的意思，無不為是指在人間行動的靈活如意與神準妙用啊！

《道德經》37章與48章都提到「無為而無不為」。37章：「**無為而無不為。**」48章：「**為學日益，為道日損，損之又損，以至於無為，無為而無不為。**」48章尤其精闢，進一步申論，可以整理成「三種關係」與「三層工夫」。

為學與為道的「三種關係」：

一、平行關係：

為學／研究學問／世俗知識的重點是「日益」，種種知識、理論的學習。

為道／尋求真理／神聖知識的重點是「日損」，種種負面能量的清除。

這兩個途徑是平行的、不相干的。

二、矛盾關係——「日益」是生命成長的加法，「日損」是生命成長的減法。從表面看，這兩個途徑是相反的、矛盾的。

三、互動關係——愈「日益」，學問愈豐富，見地愈高明，也會有助於生命成長減法的知見高度。讀書讀的好，對修行會有幫助的。

愈「日損」，負面的情緒與能量清除得愈乾淨，也會有助於生命成長加法的行進效果。修行修得好，對做學問也會有加分作用的。

所以更深層思考，這兩個途徑是互動的——愈「日益」，愈「日損」；愈「日損」，愈「日益」，相互加乘。

至於為道／尋求真理／神聖知識的途徑，《道德經》48章也討論出「三層工夫」：

一、日損——每天減少一點、每天減少一點內在的負面能量與情緒。

二、損之又損↓無為——減損到相當火候，漸漸進入無為、清淨的精神境界。

三、無為而無不為——進一步，在無為的精神修養上，發展出靈活如意與神準妙用的人間行動（參上表）。超聖入凡，從無為的心靈走回真實的紅塵世間。

事實上，關於無為而無不為的修行原理，儒釋道三家都有類似的論述。孔子的「無可無不可」，佛家說「真空妙有」（空而不空，謂之真空；有而不有，謂之妙有），老子的「無為而無不為」，都是指向同樣的修行功夫。

老子說的真透徹！48章真是深厚厲害的一章經文。

詮釋了無為，分析完無為而無不為，也討論過三種關係與三層工夫；本文的最後，展示出筆者寫作或收集的一些關於「無為」的心得、佳句，以供參考：

＊無為，不要求與自由的心靈飛行。

＊回歸生活中每一件事保持「不要求」狀態。

＊回教蘇菲宗的希臘文，prapatti。意即「臣服」。

對真理臣服，對生命之流完全的信任、臣服。

蘇菲說prapatti的意思：不把快樂當作快樂，不把悲傷當作悲傷；而用平靜的心面對。

因快樂與悲傷後面有更深刻的東西，必須跨越才能找到。

不要讓快樂與悲傷成為障礙，無為的心才能看到真理的身影。

*空船——一趟不要求、不判斷、不計畫、不抗爭、不控制的生命航旅。

空性的心，宛若不繫之舟。

*信任「不要求」的生活，取代「頭腦性」的人生。——讀奧修心得

*只緣無事可思量，莫負當下好時光。

*籠雞有食待刀俎，野鶴無糧天地寬。

*吾輩用功，只求日減，不求日增。減得一分人欲，便是復得一分天理，何等輕快脫洒！何等簡易！——王陽明

大小哲學

所有人與人之間的關係都可以用大小哲學來呈現。

也就是說所有人與人之間的關係都必須要分一個大小主從。

——誰大？誰小？誰是老大？誰當小弟？誰是主？誰跟從？大小主從的關係定位清楚了，人間的事務就可以順利運作了。

但這個大小主從的關係是變動的、不固定的、隨時可以調整的。

譬如：基本上親子的關係就是父母當大的孩子做小的，這是一種最穩定的情感序列，如果有些剛強的孩子搞不清楚這一點，一直認為他（她）可以跟父母一般大，這常常就是家庭衝突的根源。當然，隨著父母老耄了，孩子就會自然而然的站起來當家作主，這時候父母反而變成老小孩了，親子關係的大小定位就會在某個程度上自然的顛倒過來。

再一個例子，兩性關係中，更是要分出一個大與小。如果一個大男人遇到一個大女人，光是吃飯要吃什麼就傷腦筋了，男的要吃牛肉麵，女的要吃麥當勞，「吃什麼麥當勞，崇洋媚外！」「吃什麼牛肉麵，老土包子！」相持不下的結果，可能就是吵翻了各吃各的。但如果是一個小男人遇到一個小女人，也不會有好果子吃，「等一下要吃什麼，我不知道耶。」「我也不知道，妳決定罷。」「我真的不知道，你說好了。」「不要了，妳說了。」「討厭！你說了！」「才不要！妳才討厭！妳快說了！」沒有人出頭做主的結果，最後就可能是兩個人都餓肚子了。兩個人都大容易衝突，關係會緊張甚至破裂；兩個人都小卻會出現軟弱，一個家就撐不起來了。

所以一個大男人配一個小女人，或者一個大女人配一個小男人，就比較能夠和諧相處，這是真正意義的陰陽調和。但兩性關係的大小也是可以隨機靈活調整，並不固定的。譬如：丈夫是理財高手，管理家庭財務，老公當老大；但妻子是設計專家，談到室內擺設，就反過來必須聽妻子的，老婆是老大。在老公的書房裡老公是老大，在老婆的廚房裡老婆是老大。今天老公的朋友到訪，老婆當小的，幫忙招呼客人；明天老婆的朋友到訪，反過來老公當小的，幫忙招呼客人。也就是說，在夫妻生活中大小關係定位好的部分往往能夠順利運作，而沒有定位好的部分即經常容易產生摩擦與爭執。夫妻關係如此，朋友關係亦然，事實上一切人際關係的相處都必須定位好誰大誰小，才會雲靜風輕、天平地安。

從筆者個人打羽球的經驗，也可以看出大小哲學的必要性。羽球雙打，拍檔兩人，一強一弱，如果彼此定位好強弱大小，強的當大，打後場，弱的當小，基本上打前場；那麼即便對手很強，也會有很高的制勝機會。相反的，如果拍檔兩人的球技相當，之間分不清彼此的大小強弱，那麼縱然敵隊比較弱，輸球的機率也會相對的增高。這種大小強弱的確認，在運動員之間叫「默契」。打球如此，做事亦然。所以大小哲學等於是將做人做事的正向能量大幅向上拔高的一種心理素質。

這樣我們就可以了解為什麼「天無二日」或者「一山不容二虎」，因為在一個群體中萬一出現了兩個老大，這個群體即無法正常順暢的運作下去。這也解釋了在古典名著《水滸傳》裡，梁山泊老大晁蓋戰死的深層原因。在名分上，晁蓋宋江是老大老二的大小關係，但在實際能力與表現上，實質上是宋大晁小，所以梁山泊事業就出現了雙頭馬車的尷尬局面。兩個老大，必須有一個退場，梁山的故事才能夠繼續說下去啊！可惜的是，歷史告訴我們，只要牽涉到權力政治，通常決定退場的方式都是陰暗、殘酷的。

《三國演義》也一樣。在三國故事中，諸葛孔明剛出道的時候，雖然在名分上劉備與他是主臣的關係，但因為劉備深知諸葛能力的不凡而刻意推尊孔明，清楚定位好孔明與自己的大小關係，表現在具體的行為上就是「言聽計從」，也從此開啟了蜀漢事業最輝煌的一段歲月。但後來劉備稱帝，年紀大了，威望增加了，自我感覺更良好了，覺得自己好像能力也不比孔明差多少了；於是不聽勸告，興國伐吳，終於兵敗，病死白帝城。這就代表劉備與諸葛孔明的大小關係亂了套，從此蜀漢的事業也因此慢慢的走下坡，終至風雲流散。所以人際關係的大小沒弄清楚，禍延一國啊！

這就是筆者所發現的大小哲學。

其實大小就是陰陽。

或者說，大小觀就是更生活版的陰陽哲學。

《易經・繫辭傳》說：「一陰一陽之謂道。」在陰、陽的互動中可以看見真理。那麼，只要人與人間的大小定位好，就能展開良好正向的人際關係。

八卦與陰陽

《易經》談陰陽，也談八卦。

基本八卦就是「乾坤離坎震艮巽兌」，其實光從八卦卦名去解釋，就可以看出一份人生規劃的整體建議。

用最簡單的話來理解，乾坤兩卦就是談論「理想與現實」——缺乏理想的現實是人生的迷航，沒有現實的理想只是幾度秋涼的一場大夢。

離坎兩卦的主題是「光明與危險」，等於就是討論人生的「順境與逆境」——逆境讓生命深刻，順境使人生幸福；沒有順的逆是悲劇，缺乏逆的順會膚淺。但筆者要多補充一句：其實人生的順逆全在心境的修養與轉念。

震艮兩卦更簡明，談人生的「動態與靜態」——沒有動的靜是一潭死水，靜不下來的動是失控暴衝；所以動中之靜是有生機的靜，有靜作為根底的動是深刻的動。動與靜是一個銅板的兩面，動靜是相對的、互潤的（「潤」字比「動」字代表更積極的提供正面能量）、一體的。

最後巽兌兩卦比較特別，前面六卦比較是在談人生的相對態，這兩卦像是在談人生的因果態。巽兌兩卦的主題是「順從與喜悅」，也就是說人生如果「順」對了、跟對人或跟對道理了，就會湧現心靈的喜悅。那「順」什麼才算順對呢？我想可以從五個方面去思考：

一、順從真理——這是超越性或宗教性的順從。

二、順從大自然的節奏——這是生態性或身體性的順從。譬如順從生態的法則過生活，或跟隨自然的節奏飲食作息，這比較是環保或養生層面的順從。反例太多了：過度開發會破壞生態、吃太多會拉、長期晚睡會爆肝等等，都叫「有干天和」。

三、順從成熟的老師或心靈導師——這是文化性的順從。面對真正的老師，心裡要徹底折服，頭要低下去，走上靈性成長的途徑。

四、順從時勢——這是客觀性的順從。做事要順勢而為，但「時勢」或「形勢」這件事有點難講，有時候逆勢做事是愚蠢，但如果誤判形勢而不作為又是愚蠢，總之，順著時勢保守或主動，就得靠用心的觀察。

五、順從心靈——這是心靈性的順從。傾聽內在的聲音與呼喚，勇敢的走出屬於自己的道路，當然會湧現心靈的喜悅。這比較接近前文所談關於「德」的概念。

還有一點值得一提：巽，順也。所以我們用「順從」的觀念來談巽卦。但奧修不用「順從」，奧修談「臣服」——對真理臣服、對大自然臣服、對師父臣服、對大勢臣服、對心靈臣服。順從、臣服不是消極或軟弱，這是一種心靈修養的無我，一種更深厚老到的積極，一份敢於承認自己不足的勇氣，一份更謙遜的大氣，一種更陽剛的溫柔，一種更有擔當的伏身與低頭。

前面一篇文章用「大小」談陰陽，其實陰陽有著更多的表現方式，上文討論的基本八卦，就可以說是陰陽的四種面相。摘要如下表：

乾坤	上與下	理想與現實	缺乏理想的現實是人生的迷航 沒有現實的理想只是人生幾度秋涼的一場大夢
離坎	順與逆	順境與逆境	沒有順的逆是悲劇 缺乏逆的順會膚淺
震艮	動與靜	動態與靜態	動中之靜是有生機的靜 有靜作為根底的動是深刻的動
巽兌	順與悅	順從與喜悅	跟對人或跟對道理了，就會湧現心靈的喜悅

所以這個八卦表等於是一份人生規劃的陰陽建議——上下、順逆、動靜、順悅的整體人生。你的理想與現實有平衡兼顧嗎？你有好好品嘗順境與逆境的況味與智慧嗎？你有思考過你對動靜的偏向與感受嗎？你有跟上對的人與道理嗎？

八卦就是陰陽調控的更多元表現。

事實上，八卦就是陰陽。

人生，就是陰陽。

合與分
——擁抱與觀察

上一篇文章談陰陽與八卦，其實整體易理包含「太極／兩儀／三才／八卦」四個基本元素。所以談論易學原理有兩種談法：

一、從太極↓兩儀↓三才↓八卦的討論向度，這是從純淨不二的天道談到複雜多元的人間的談法。

二、從八卦↓三才↓兩儀↓太極的討論向度，這是從人間世逆返天道的談法。

前者是由簡馭繁，後者是由繁而簡；前者是從天道開始生發萬物的「本體論」，後者是通過修道養德回溯真理的「功夫論」；如果從發展向度來說，前者是「分」的談法，後者是「合」的談法；前者是月印萬川，後者是殊途同歸。

根據這兩種討論向度延伸，人類文化可以分成兩種型態：一種是「合」的文化型態，一種是「分」的文化型態。一般來說，中國文化可以稱為「合」的文化，西方文化可以稱為「分」的文化。「合」的文化是主體之學，是主客合一的學問型態——研究者與研究對象是合一的，著重生命經驗的整合；「分」的文化是客觀之學，是主客分離的學問型態——研究者與研究對象是分隔的，著重觀察與分析的研究。

如果從更生活化的角度來說，**人生有兩種做事的態度與方法：擁抱與觀察。有時候我們需要學習擁抱，有時候我們卻需要具備觀察、分析的能力。**

譬如輔導一個問題學生或問題青少年，輔導工作者先行研究他的個案，了解輔導對象的家庭背景與生、心理狀態，參考同類型的案例，閱讀相關的文獻，還需要在旁冷靜觀察輔導對象一段時間，這種種的前行工作，就需要具備觀察、分析的能力，這就是「分」的工作態度。但等到真的下海打仗了，輔導工作者就不能只有客觀的專業素質，更重要的是具有同理心與同情心，這稱為生命主體的互換，輔導工作者必須學會用被輔導孩子的語言說話，用孩子的角度看事情，用孩子的腦袋思考，打入孩子的生活，打破孩子的心防，然後他才可能接受你的建議與引領，搞不好你得先學會跟孩子一樣爆粗口、抽菸、嚼檳榔哩！所以真正的幫助一個人，除了冷靜的頭腦，還必須要有擁抱的熱情與勇氣，輔導者與輔導對象合一，這就是「合」的工作態度。

又譬如老練的演員演出前研讀劇本，研究角色，思考表演的方式等等，這是觀察的工作。但等到上台演戲，即要撇開種種理論、思考，而去投入角色，擁抱角色，人戲合一，這種「入戲」的演員素養，就是擁抱的境界了。

另一個例子，基本上面對媽媽時，要去擁抱媽媽的愛與痛，因為母子關係是感性的。但跟老師相處時，通常是師生一起去觀察、思考、討論學術的問題，因為師生關係基本上是理性的。有些人際關係是「合」的人際關係，有些人際關係是「分」的人際關係。

最後一個例子我們來看藝術與科學的性質。基本上藝術是一種「擁抱」的工作，藝術家必須擁抱他的作品，他必須將熱情、生命甚至靈魂投入於藝術創作，但有時候藝術創作的過程中也會需要保持冷靜與理性的頭腦。至於科學當然是一種「觀察」的工作，科學研究當然是客觀、理性、分析的工作，但在科研過程中研究者的研究靈感與研究熱情卻又是非理性的。前者是擁抱中的冷睿，後者是理性裡的熱情；前者是火中之冰，後者是雪裡焰火。也就是說，擁抱與觀察這兩種人生態度，有時候並不是斷然二分的。

三種基本力
——行動力、心靈力與知識力

談論人生，從一談到三。

上一篇文章，討論擁抱與觀察兩種做事的態度與方法；在本文，嘗試分析三種力量：知識力、行動力與心靈力。

這三種力量，筆者稱為人類生命的三種基本力。

知識力，譬如思考、分析、閱讀、研究、實驗、計算等等理性活動，都屬於知識力的範圍。知識就是力量，這是西方文化最重視的基本力。

行動力，譬如主動、積極、面對、擁抱、工作、參與等等人生態度，都屬於行動力的範圍。行動是很真實、直接的力量，這是儒家思想最重視的基本力。

心靈力，譬如禪定、直觀、感受、靈感、愛、感應等等心靈狀態，都屬於心靈力的範圍。心靈其實是很強大的力量，這是許多宗教最重視的基本力。參考下表：

儒	道	佛	科學
主體之學／主客合一／合的文化			客觀之學／主客分離／分的文化
行學　實踐之學	無學　無為之學	心學　心性之學	知學　知識之學
行動力	心靈力		知識力

表的內容是整合上文與本文而成的，也可以從中看出中、西文化的不同傾向。從三種基本力的欄位來看，儒家強調的是行動力，道、佛著重開發心靈力，而科學文明當然是知識力的絕佳搖籃。

常用的成語像深思熟慮、深謀遠慮、謀定後動、三思後行，這是講知識力；事上磨練、伺機而動、雷厲風行、劍及履及，這是講行動力；神遊物外、心如明鏡、靈機一動、心有靈犀，這是講心靈力。

從職業的主要向度分析，像科學家、學問家、會計師、幕僚、研發者等等，傾向屬於知識力的工作；冒險家、戰士、革命家、救難人員、行銷者等等，傾向屬於行動力的工作；神職人員、藝術家、修行人、人生導師、心理治療師等等，傾向屬於心靈力的工作。

其實在相同的職業中往往具有的不同面相，也可以看出「三力」的不同向度。譬如，同樣屬於宗教領域內的工作，宗教問題或經典的研究有賴知識力，慈善救濟的工作屬於行動力，而玄祕修行的活動則在鍛鍊心靈力。再舉一個例子，在軍事領域中，軍事理論家與參謀團主要是知識力的工作，衝鋒陷陣的先鋒與戰士當然是行動力的表現，而統帥的指揮調度相當程度需要昇華到戰爭藝術的層次，所以得依靠心靈力的素養。

為了行文的方便，「三力」分開來討論，事實上在真實的人生裡，沒有一項工作或職業是只需要一項基本力就能夠成就的，譬如，宗教問題或經典的研究固然需要知識力，但研究者何嘗不需要實際修行的心靈經驗。又像統帥的指揮與決策固然取決於心靈素質的高度，但一個成功的軍事領袖何嘗不需要豐富的軍事知識。再舉一例，一個舞蹈家的肢體表演與身體律動固然是屬於行動力的表現，但作為一個藝術家，他需要感受他的舞蹈，或透過肢體的舞動去表達內心的情感，跳舞其實是一種內在生命經驗的流動與溝通，就又是心靈力的問題。小說創作何嘗不是二力甚至三力合一的成果，像小說家遣詞用字、伏線佈局種種的寫作技巧比較傾向是知識力的發揮，但寫作的靈感與熱情當然是心靈力的的問題，如果一個小說家需要田野採訪，轉化真實的社會經驗成小說的素材，就需要拿出行動力來了。

通過上面所舉的例子，我們可以了解，為了行文或討論的方便，將三力分開來說明，事實上，在真實的人生裡，三力總是整合運作的，人生是複雜的，生活是整體的，分析往往只是頭腦的工作。所以，在某個特定的個人或事件上，三力容或會有輕重揚抑的不同表現，但事實上不太可能全然缺席，任一三力的缺席，都會造成偏頗或扭曲：

欠缺行動力的知識力是紙上談兵，欠缺心靈力的知識力容易變成冰冷傷人的刀鋒。

欠缺知識力的行動力是盲動，欠缺心靈力的行動力會粗魯。欠缺知識力的心靈力會讓人覺得頭腦不清楚，欠缺行動力的心靈力可能是一種不切實際的浪漫。

反過來說：

擁有行動經驗與柔軟心靈會加強知識力的「思想深度」。

擁有豐富知識與深邃心靈會優化行動力的「行動準度」。

擁有豐富知識與行動經驗會提高心靈力的「心靈高度」。

也許，這也是一個很好檢查自我的座標，有沒有想過：你的知識學習與思想深度有不足嗎？你面對生活挑戰時行動力是否疲弱？還是你的心靈生活比較沒有被注意與照顧？三力之中，哪個是你的強項？哪個又是比較弱的環節？

人生三境界

——感性、理性與圓融

談完生命三種基本力，接著在本文談人生三境界。談中國哲學，似乎不能不談人生的三個階段或三層境界，中國人特別喜歡「三」這個數字的意境。

最早談三階段或三境界的，可能是下面的這一章論語了。

《論語》泰伯篇8：「興於詩，立於禮，成於樂。」

這一章論語比較是在談生命成長的三個階段。

孔子說人生的第一個階段是「**興於詩**」，意思指生命興發在飛揚的感性。「**詩**」是感性的藝術，涵義接近第一篇文章所講的「禮樂」中樂的觀念，所以這是「感性」的人生階段，也是生命「主體性」覺醒的階段。生命的方向總是從感性、熱情、志氣、感動開始的，在青春的歲月，總要遇見什麼讓自己感動不已的經驗，有了真正的感動，人生的道路才能真正坦蕩的展開。

第二個階段是「**立於禮**」，意思指人間的工作必須成立在穩定的理性。「**禮**」指理性的工作，涵義接近第一篇文章所講的「禮樂」中禮的觀念，所以這是「理性」的人生階段，也是學習「客觀化」或「社會化」的階段。確立感性的人生方向之後，要開始進入專業、知識、理性、規範的學習，這也是一段刻苦淬鍊自我的階段，有了這樣的客觀學習的過程，才可能將當年的熱情與志氣落實到人間與社會。但要補充說明的一點是，**先有感動再下苦功才是有意義的苦功，缺乏感動所下的苦功可能是盲目的苦功**。

第三個階段是「**成於樂**」，意思指人間的事業最後要成就在主、客的和諧。這裡的「**樂**」意思指感性與理性的融合，涵義接近第一篇文章所講的「禮樂」的整合，所以這是「圓融」的人生階段，也是「諧和化」的最高修養。這是德行與學問、感性與理性、主體性與客觀化、自然與人文、直觀與邏輯、行動與知識等等融合無間的整體充實的人格狀態。原來在人生，光有感動與理性，都是不夠的，還要有兩者的圓融與整合，這才是真正意義的成熟。

簡單的說，人生的道路從「**感動**」開始，再下「**苦功**」，漸漸趨向生命的「**成熟**」。或者說，人生從「**主體性**」出發，接著進入一段「**客觀化**」的歷練，最後達成「**主客交融的成熟**」。

還有一點值得說明的，這一章論語用的是無主辭句法，意思說這三個階段可以指一個人的成長、一件事的發展、一個組織群體的成長、甚至一個社會國家的歷程……這樣的表達方式兼顧了「自由性」與「規範性」，「自由性」是說這三句話可以靈活運用在任何的對象，「規範性」的意思指任何生命歷程都離不開這三個階段。請參考下表的整理：

論語	主題與象徵詩句	深層意義	舉例
興於詩	感性／感動 欲上青天攬明月 （李白）	主體性—— 人開始要做自己的主人。 中國的學問都是從主體性開始。 『感性的飛揚』 成長是無可逃避與替代的，成長是安慰自己的唯一靈藥。人必須安頓好自己，才能安頓天下；人必須學會對自己好，才能真正愛人；人必須自己成長得很好，才會信相別人也會很好。（而不只是相信制度、規定。）	例1：戀愛階段 （浪漫期） 例2：靈感湧現 例3：周公時代 中國文化的青春期 生命的創發
立於禮	理性／苦功 十年磨一劍 （賈島）	客觀化—— 成長者總會碰到客觀化的問題，不管是處理行政工作、公眾事務、資料公文、人事問題等等的客觀能力。 『理性的穩定』 但客觀化必須是主體性的延伸，客觀化不能沒有主體性的基礎，否則客觀化會變成空洞化、官僚化及不相信人性的可能。當然，相對的，沒有客觀化的主體性經驗也可能變成自我封閉的小局面。	例1：婚姻階段 （穩定期） 例2：成書、定稿 例3：孔子時代 中國文化的成熟期 理性的貞定與整理
成於樂	圓融／成熟 人生樂在相知心 （王安石）	主客交融的成熟—— 『情理合一的諧和』 學問與德行、感性與理性、主體性與客觀化、人文與自然、邏輯與直觀、知識與行動……已經融合無間，呈現出一種整體充實的人格狀態——大德。	例1：老年夫妻的相知階段 （成熟期） 例2：作者讀者的共鳴 例3：漢？唐？宋？或許中國幾個大時代特質的總和——接近成於樂的理想國。

清末民初的大學者王國維在他的名著《人間詞話》也說過人生的三種境界：

古今之成大事業、大學問者，必經過三種之境界——

「昨夜西風凋碧樹。獨上高樓，望盡天涯路。」此第一境也。

「衣帶漸寬終不悔，為伊消得人憔悴。」此第二境也。

「衆裡尋他千百度，驀然回首，那人卻在，燈火闌珊處。」此第三境也。

《人間詞話》的這一段話很有名，內容的涵義其實頗為接近《論語》的**「興於詩，立於禮，成於樂。」**

第一個境界講站在更宏觀的視野（獨上高樓），找到自己的人生方向（望盡天涯路），但內心充滿熱情、興奮、孤寂、憔悴等等複雜的少年心情。這是一個「感性／尋找理想」的人生境界。

第二個境界講為了自己的夢想嚴格鍛鍊自己，埋頭苦幹，下狠功夫的悲歡歲月。這是一個「磨練／自我淬鍊」的人生境界。

第三個境界講歷經萬苦千辛的追尋，火候已到，水到渠成，主客合一，赫然發現艱辛經營的夢想原來已經在身邊、手裡、心上，理想已然生活化了。但驀然回首，半世辛勤的目標一朝在手，內心不禁充滿說不出滋味的滄桑與深厚。這是一個「成熟／情理圓融」的人生境界。

筆者以為，王國維這三句話就是講「**立志↓苦功↓生活化**」的人生三境界。

另外，宋代禪宗著作《五燈會元》也說出了佛門版的人生三境界，就是有名的「**見山是山，見水是水↓見山不是山，見水不是水↓見山又是山，見水又是水**」。

「見山是山，見水是水」是講「**天賦、原始的天真／純粹／感性**」。

「見山不是山，見水不是水」是講在後天的滾滾紅塵裡「**受傷、失落的天真／純粹／感性**」。

「見山又是山，見水又是水」是講穿越種種考驗，修得痛苦智慧之後的「**成熟版、進階版、圓融版的天真／純粹／感性**」。

更簡明的說，這個三個境界是講人生的「**天真↓失落↓成熟**」。

這三個境界的深意是：每個人都是天生純真圓融的，但生命第一度的天真是不夠的，天賦的純真往往會失落、受挫在濁世洪流的打擊橫逆之中，必須能夠在人間世反修，不滅頂、不放棄、不逃避，轉煩惱為正果，才能修得經得起考驗的真正的清明，這就是成熟、圓融、第二度的天真了。所以說**天真是未成熟的成熟，成熟是已成熟的天真。第一度天真是老天爺給的，第二度天真就是自己修成的人間正果**。

那麼第二個境界「**失落**」就變得是必要了，「**失落**」是連接天真與成熟的橋樑，沒有經過失落與挫折的人生階段，我們無法得到真正成熟的天真。必須經過「失樂園」的階段，才能學習到「回歸樂園」的本領。

王國維與《五燈會元》說的三境界說得很深刻，但筆者認為基本的內涵並沒有離開《論語》**「興於詩，立於禮，成於樂」**的濫觴。參下表：

《論語》	興於詩 感性／感動／主體性	立於禮 理性／苦功／客觀化	成於樂 圓融／成熟／主客交融
《人間詞話》	昨夜西風凋碧樹。獨上高樓，望盡天涯路。 立志	衣帶漸寬終不悔，為伊消得人憔悴。 苦功	眾裡尋他千百度，驀然回首，那人卻在，燈火闌珊處。 生活化
《五燈會元》	見山是山，見水是水——天真	見山不是山，見水不是水——失落	見山又是山，見水又是水——成熟

「一無所有」的境界與「不怕死」精神

寫到這篇文章，讓我們來檢視一下曾經談過的概念——中、禮樂、志、道、德、仁、遊戲哲學、行動哲學、轉彎藝術、痛苦智慧、無為、大小、陰陽、八卦、分合、三種基本力、人生三境界等等，其實，筆者喜歡將這些哲學概念稱為「心靈配備」，意思是人必須為自己準備、裝設、練習種種的心靈配備，心靈配備愈優化，代表人擁有愈成熟的人格素質或內在能力，而人格素質或內在能力才是人生道上真正珍貴的無形資產啊！

接著，本文必須談一樁可能是最後的心靈配備。筆者不知道怎麼為這項配備定名，應該就是指一種「**放棄一切**」的勇氣罷，但「放棄一切」好像不太好聽。筆者記得二十幾年前，剛出道當老師的第一年，一個家境清寒的小女生曾經對我說：「老師，做人要有不怕死的精神啊！」妙！一個二十不到的小鬼教一個而立之年的老師「**不怕死**」精神？哈！不過這個詞彙蠻好的。其實這裡說的就是佛家講的「**捨得**」，也就是指一種「一**無所有**」的生命境界。

不管名字是什麼，寫這種生命境界寫得相當好的，是幾年前頗火紅的小說體歷史名著《明朝那些事兒》寫明代大儒王陽明在龍場悟道的一段，作者當年明月有非常精采的書寫。在下面，筆者特別摘錄、整理了這段感人的原文（至於全文請參看當年明月《明朝那些事兒》第三冊「悟道」一節）：

劉瑾氣壞了，在當時眾多的上書者中，他特別關照了王守仁，不但打了他四十廷杖，還把他貶為貴州龍場驛的驛丞。

……

「天下之大，雖離家萬里，何處不可往！何事不可為！」王守仁大笑著。

在這振聾發瞶的笑聲中，隨從們開始收拾行裝，快步上前，趕上了王守仁的腳步。

王守仁的革命浪漫主義情懷是值得欽佩的，可是真正說了算的還是革命現實主義。

當他來到自己的就職地時，才真正明白了為什麼這個地方叫做龍場——龍才能住的場所。

此地窮山惡水，荊棘叢生，方圓數里還是無人區，龍場龍場，是不是龍住過的場所不知道，但反正不是人待的地方。

……

好了，王所長，這就是你現在的處境，沒有下屬，沒有官服，沒有編制，甚至連個辦公場所都沒有，你沒有師爺，也沒翻譯，這裡的人聽不懂你說的話（苗人），能聽懂你說話的人都不是什麼好人（當強盜的漢人）。

官宦出身、前途光明的王守仁終於落到了他人生的最低谷，所有曾經的富貴與美夢都已經破滅，現在他面對著的是一個人生的關口。

堅持，還是退卻？

王守仁卷起了袖子，召集了他的隨從們，開始尋找木料和石料，要想長住在這裡，必須修一所房子。

然後他親自深入深山老林，找到了當地的苗人，耐心地用手語一遍又一遍地解釋，得到他們的認同，讓他們住在自己的周圍，開設書院，教他們讀書寫字，告訴他們世間的道理。

當隨從們苦悶不堪、思鄉心切的時候，他主動去安慰他們，分擔他們的工作。

王守仁用自己的行動做出了選擇。

士不可以不弘毅，任重而道遠！仁以為己任，不亦重乎！死而後已，不亦遠乎！面對著一切的困難和痛苦，仍然堅定前行，泰然處之的人，才有資格被人們稱為聖賢。

王守仁已經具備了這種資格。

但是他還有最後一個問題沒有找到答案——「理」。

必須找到，並且領悟這個「理」，才能懂得天地大道的祕密。除此之外，別無他路。

可是「理」到底在哪裡呢？十餘年不間斷地尋找，沉思，不斷地「格」，走遍五湖四海，卻始終不見它的蹤影！

為了衝破這最後的難關，他製造了一個特別的石槨，每天除了幹活吃飯之外，就坐在裡面，沉思入定，苦苦尋找「理」的下落。

格物窮理！格物窮理！可是事實讓他失望了，怎麼「格」，這個理就是不出來，在一次又一次的失敗中，他逐漸變得急躁、憤怒，脾氣越來越差，隨從們看見他都要繞路走。

終於，在那個宿命的夜晚，他的不滿達到了頂點。

黑暗已經籠罩了寂靜的山谷，看著破爛的房舍和荒蕪的窮山峻嶺，還有年近中年、一事無成、整日空想的自己，一直以來支撐著他的信念終於崩潰了，他已經三十七歲，不再是當年的那個風華少年，他曾經有著輝煌的仕途、光榮的出身、眾人的誇耀和羡慕。

現在這一切都已經離他而去。

最讓人痛苦和絕望的折磨方法，就是先賜予，然後再一一拿走。

十幾年來，唯一支撐著他的只有成為聖賢的願望。但事實是殘酷的，多年的努力看來已付之流水，除了日漸稀少的頭髮，他什麼也沒有得到。到底出了什麼問題呢？

矢志不移，追尋聖賢，錯了嗎？

仗義執言，挺身而出，錯了嗎？

沒有錯，我相信我所做的一切都沒有錯。

那上天為何要奪走我的榮華，羞辱我的尊嚴，使我至此山窮水盡之地步？

既然你決意奪去我的一切，當時為何又給予我所有？

奪走你的一切，只因為我要給你的更多。

給你榮華富貴，錦衣玉食，只為讓你知曉世間百態。

使你困窘潦倒，身處絕境，只為讓你通明人生冷暖。

只有奪走你所擁有的一切，你才能擺脫人世間之一切浮躁與誘惑，經受千錘百煉，心如止水，透悟天地。

因為我即將給你的並非富甲一方的財富，也不是號令天下的權勢，卻是這世間最為珍貴神祕的寶物——終極的智慧。

王守仁在痛苦中掙扎著，一切都已失去，「理」卻依然不見蹤影。

竹子裡沒有，花園裡沒有，名山大川裡沒有，南京沒有，北京沒有，杭州沒有，貴州也沒有！

存天理，去人欲！

天理，人欲！

理！欲！

吃喝拉撒都是欲，「欲」在心中，「理」在何處？「理」在何處?!

王守仁陷入了極度的焦慮與狂躁，在這片荒涼的山谷中，在這個死一般寧靜的夜晚，外表平靜的他，內心正在地獄的烈火中煎熬。

答案就在眼前！只差一步！只差一步而已！

忽然，一聲大笑破空而出，打碎了夜間山谷的寧靜，聲震寰宇，久久不絕。

在痛苦的道路上徘徊了十九年的王守仁，終於在他人生最為痛苦的一瞬獲知了祕密的答案。

空山無人，水流花開。

萬古長空，一朝風月。

此一瞬已是永恆。

我歷經千辛萬苦，虛度十九年光陰，尋遍天涯海角，卻始終找不到那個神祕的「理」。

現在我終於明白，原來答案一直就在我的身邊，如此明瞭，如此簡單，它從未離開過我，只是靜靜地等待著我，等待著我的醒悟。

「理」在心中。

我竟如此的愚鈍啊，天地聖賢之道並非存於萬物，也無須存於萬物，天人本是一體，何時可分？又何必分？

隨心而動，隨意而行，萬法自然，便是聖賢之道！

存天理，去人欲？

天理即是人欲。

這是載入史冊的一瞬，幾乎所有的史書都用了相同的詞語來描述這一瞬——「頓悟」，中華文明史上一門偉大的哲學「心學」就此誕生。

它在這個幽靜的夜晚，誕生於僻靜而不為人知的山谷，悄無聲息，但它的光芒終將照耀整個世界，它的智慧將成為無數人前進的嚮導。

王守仁成功了，歷史最終承認了他，他的名字將超越所有的帝王，與孔子、孟子、朱子並列，永垂不朽。

在窮途末路、失去一切、窮山惡水中的王陽明，終於在一無所有的生命境界中遇見了最高真理——悟道；王陽明用他的生命故事告訴我們，原來當人生斷了後路，沒了退路，將自己逼到絕路，在那個關鍵的臨界點中，會頓時水落石出、豁然開朗，然後看到生命更坦蕩壯闊的出路。王陽明的故事最讓人動容的也是這一點——當人一無所有時，最有可能激發出生命中最強的光。

雲門舞集的創辦人林懷民在接受訪問時，回想雲門舞集成立的初期，也曾經說：「**當人一無所有，你就會勇往直前。**」

筆者曾讀過的科幻名著《一無所有》談「一無所有」的智慧，同樣談得鞭辟入裡：

他們一無所有，他們是自由的。而你們這些擁有者卻是被擁有的。你們都活在牢籠裡。

每一個人，孤單地獨自守著所擁有的東西。你們活在監獄裡，死在監獄裡。

雙手必須空無一物才能實現夢想。

自由從來就不是安全的

這是一部說「不」的作品罷，這是一個反抗集體性的故事罷。唯有真正的一無所有、真正的孤獨，才能享用真正的生命富饒。

頭腦作用會放大人生的危機感，人心的慾望會捨不得既得利益，生命就這樣被綑綁了，自陷在自己為自己準備好的生命囹圄。因此，當我們毅然的拋卻一切既得利益，當我們一無所有，當我們挺立起「不怕死」的勇氣與精神，我們就邁出第一隻逃獄的腳步。相隔二十年的歲月，筆者經歷了兩次對抗不合理教育制度的冒險行動，領悟到「不怕死」與「一無所有」常常是最後一項強大的心靈武裝——當我們的心靈義無反顧，人生的航旅就變得無懼了；無懼讓生命坦蕩，無懼讓我們有可能看到人生真正的出路與最後的答案。下面一段話，是五十歲生日時，寫給自己的，提醒：

斷掉自己的所有退路
離開安全的地方
成功、失敗、冒險都不是重點
我只是想再次感受，發光
——我五十歲，我決定再出發。

談「一」件事（上）：
分說——四件事

在二〇一二年的七月，跟一群老朋友做了一場小型的演講，題目就是：談「一」件事。

因為參與的都是最老、最知心的朋友，所以講演的心態是設定用最不修飾、最純粹、最大的口氣來談一些生命成長的心得。

開始的引言，先行引用了一段在部落格發表過的關於「生命定位」的看法：

人間世豺狼環伺、群小暴走，即凸顯出三種人物不同的遭遇與生命型態。

第一種人物稱為「天才」，他們仰仗一腔才華與純真投入人間這趟渾水，卻往往被衝撞得魂斷神傷、身心交瘁；歷史上不乏這種悲情的英雄，像屈原、項羽、李白、漢尼拔、莫札特等等，都是一些高貴但悲辛的靈魂。

第二種人物稱為「謀略家」或「梟雄」，他們往往也吃過小人的虧，但並不甘心成為小人的食物，所以他們放棄掉一些更深刻的東西而換來玩弄陰謀伎倆的能力，他們擊敗小人，超越小人，甚至成為小人隊伍中重要的一員，人類的荒謬之一，就是許多歷史上的英才最後變成他們最初要打倒的目標。

第三種人物稱為「聖賢」，他們也理所當然歷遍許多苦難與委屈，他們也學會跟群小周旋鬥智的能力，但他們的權謀背後還是正道與理想，他們不依賴天賦的才氣，他們力量的根源是後天不放棄的淬鍊與成長。

用中國文化最經典的那三句話，即能對照出這三種人物不同的風度：「天才」是見山是山，天才啊，你的名字是「率真」。「梟雄」是見山不是山，梟雄的堅持其實是「放棄」。「聖賢」是見山又是山，聖賢的道路是「成長」。所以天才常常演悲劇，梟雄演出的是政治鬥爭戲，而聖賢人物往往謳唱出稀少但燁燁生輝的人類歌詩。天才經常是不知死活，梟雄是不甘寂寞，聖賢卻能做到不亢不卑。

整理如下表：

	武器	關鍵詞	道路	追尋	三境界	人物
天才	天賦才華	率真	悲劇之道（不知死活）	成就	見山是山（初發）	屈原、項羽、李白、賈寶玉……
謀略家	謀略	放棄	權謀之道（不甘寂寞）	權位	見山不是山（失落）	曹操、張居正……
聖賢	成長	成熟	成長之道（不亢不卑）	真理	見山又是山（回歸）	孔子、王陽明……

所以中國文化的「聖賢」著重的是在人間修道，在滾滾紅塵中成長；而不是抽離的獨善其身或閉門的明心見性。對中國文化來說，真理，是屬於人間的。對筆者個人而言，近年因緣煩亂，只能在紛擾的人間世忙裡修行，所以「談『一』件事」的內容，就是與老友分享這些年修學「人間道」或「生活禪」的一些心得罷。由於內容頗多，分成上下兩篇文章來記錄，上篇是分說四件事，下篇是合說成一件事，上篇是一而四，下篇是四而一。好了！就開始談四件事的第一件事——放鬆。

一、放鬆：身法——藥法

放鬆是很重要的功法。

當然，放鬆是維護生理健康很基本而且關鍵的能力。**放鬆的身體是不會生病的身體，生病的都是僵硬的身體**。

進一步，放鬆了，姿體、肌肉與整個身體機能才能做最大的功，才能發揮最大的潛力，打球、運動、武術、舞蹈……都是這樣的，例子多不勝數。

另外，基於「身心靈」一體的原理，**身體的放鬆不只是身體的放鬆，身體是可見的心靈，心靈是不可見的身體**，也就是說，身體的放鬆也是心靈的放鬆，或者說**放鬆的身體可以幫助修**

行者進入更深層、寧謐的心靈。所以身體不只是身體，身體是聖殿，身體是神器，身體是引領我們進入更高靈性的工具。

還有一個關鍵的竅門：要取得身體的放鬆必須要通過「動」功，至少是先動後靜。身體是一個必須要動才會快樂的東西，**讓身體動才可能帶來放鬆，靜置不動的身體只會帶來僵硬。**

動的法門很多，譬如：武術、放鬆練習、拍打功、深度按摩、瑜伽、動態靜心……等等。動態靜心是奧修的方法，奧修說靜心以發洩（身體的動）作為開始，而以慶祝（心靈的靜）作為結束。下面一段話是奧修談跳舞這項身法，他把放鬆的深層意義解析得入木三分：**「當身體的移動變得欣喜若狂，那麼它就是跳舞；當那個移動很全然而沒有自我，那麼它就是跳舞。……跳舞是可能發生在人類身上最美的事情之一……盡量跳得很深入，以至於完全忘掉『你』在跳舞……它不是一項作為，而是一個發生。……你並不是在做一件很嚴肅的事，你只是在遊戲，跟你生命的能量遊戲……」**

從修行的角度來說，練習身體的放鬆是為了治療身體習慣性的僵硬或不放鬆，所以放鬆是身法，也是一種治療的藥，我們稱為「藥法」。

二、停止頭腦作用：心法——藥法

「頭腦作用」是奧修師傅所用的名詞，照筆者的理解，頭腦作用就是一般所謂的妄念、雜念或執念。簡單的說，頭腦作用是一種累世累業、與生俱來、根深蒂固、無孔不入的「謊言」，它的目的當然是「欺騙」我們，針對我們每個人使用不同的、迂迴的、精巧的設計或謊話，來騙使我們不要進入覺知、成長與活在當下的生命狀態。頭腦作用是很狡猾的，它會通過種種文字、語言、知識、概念的詭計來行騙；譬如，性格軟弱的人的頭腦作用會對它的主人說：不要追求什麼成熟或靈性成長了，那是很危險的事情，走這樣的一條路會得不到大多數人的認同，在世俗社會裡立志當好人是吃力不討好的一件事，不要想那麼多，還是安安穩穩的過日子比較實在……等等，總之，頭腦作用會一直對它軟弱的主人誇大生命成長的「危險」，好讓這個柔弱的主人繼續呆在渾渾噩噩的生活。

又譬如，有些頭腦作用會利用「慾望」哄騙主人不要走上靈性成長的坦途，也許，它會對它的主人說：是了！靈性之道很重要，但成功之道同樣很重要啊！趁年輕，先去追求金錢、權力、社會地位的成功，等到錢賺夠了，再回來追尋心靈的成長不是更好嗎？所以現在不要想那麼多，專心賺錢就對了。這個說法表面聽起來不錯，但筆者看到更多的例子是不管錢有沒有賺到，人到中年，滿身銅臭，想要回來尋求內在的成長，已經是加倍困難了。所以這是一個似是而非的說法，這是頭腦作用在用「拖」字訣，事實上，**世俗成功與心靈成功並不是矛盾的兩件事，二者是可以合一的，是可以同時進行的，修行並不是獨立於生活以外的一件事，事情的真相是：修行就是生活！生活就是修行！修行其實只是一種讓人生內在與外在更高效運作與結合的技術與方法**，修行不只不會妨礙所謂成功，相反的修行的工作做得好，會讓現實的成功變得更容易。修行的道路要及早開展，趁年輕，生命春意盎然，及早開始內在覺醒的工作，是有優勢的。所以頭腦作用利用「慾望」當誘餌，催眠主人說內在與外在是悖離、分裂的，是不可以共存的，也是一種狡猾而精細的謊話。

不同性格的主人，會出現不同的頭腦作用，但不管什麼型式的頭腦作用或如何精巧的謊言，都擁有一個很簡單的共同目的，就是為了，生存。因為頭腦作用是一種幻象，是虛擬的，而覺知、靈性成長與活在當下是真實的存在；也就是說，當覺知、靈性成長與活在當下的生命狀態出現，頭腦作用就會逐漸萎縮、消失了，那麼頭腦作用為了自身的生存，才會想方設法阻撓覺知、靈性成長與活在當下的出現，而繼續利用主人的「不成長」來餵養自己的存活。

奧修師傅說過許多關於頭腦作用的洞見，筆者很喜歡這一句：「**要小心不要讓僕人變成主人。**」要記得，如果頭腦是僕人，頭腦是可以很有能力與貢獻的；要記得，必須是我們使用頭腦，而不是頭腦使用我們。當然，不只頭腦作用，人生還有許多僕人變成主人的荒謬，譬如，金錢、知識。

奧修也曾經直接的說：「**所謂頭腦，即過去經驗所造成的成見。**」嚴重的成見，有些教派稱為偏差錯亂。奧修又說：「**你的頭腦並不年輕，它已經有幾百幾千歲了。**」頭腦不只是成見，更是累世累代造成的成見。所謂積習難改、餘習未斷。

奧修又說頭腦作用會想法子不讓主人覺知在當下，奧修說：「**頭腦是你存在中已經死去的部分。然而你繼續攜帶著它。它不允許你活在此地，不允許你活在當下，頭腦是過去……**」又說：「**頭腦無法信任當下這個片刻，它總是害怕，所以它會計劃。是恐懼在計畫；透過計畫，你錯過了每一件事——每一件美好和真實的事，每一件神聖的事，你都錯過了。**」

進一步，奧修更徹底的指出頭腦作用會帶出一個慘澹的人生：「**如果你聽頭腦的話，永遠也不會滿足；如果你不聽頭腦的話，此刻就滿足。……頭腦永遠都會保持悲慘的狀態……**」「**頭腦作用讓人一直活在過去的情感煩惱與未來的緊張壓力中。**」也就是說，頭腦作用會一直帶我們往過去、未來的假象跑，而真實的生命總是活在當下的。

在所有的頭腦作用中，「自我」可能是最大的一種頭腦作用，因為自我其實是不存在的，自我是一個頑固的假象。如果更深入的思考：我們可以找到我們的身體，唸出我們的名字，訴說我們的故事，表達我們的感情……但我們可以找出一個東西叫……自我嗎？自我是什麼呢？

自我是我們的身體嗎？自我是我們的名字、故事、經歷、感情或其他的東西嗎？一直想下去，我們會發現自我其實是一個很抽象的東西，抽象到可能不存在，「自我」很可能只是一個虛擬的觀念。更進一步，如果夠敏銳，我們將發現當我們的自我愈大、自我感愈強的時候，就是我們愈放不下，愈擔心他人攻擊、嘲笑、不肯定自己，愈不快樂，得失心愈重，負擔、煩惱、壓力也愈重的時候。**原來，自我總是讓我們不快樂啊！**所以奧修說：「**自我不是正確的，自我可能是人最慘的遭遇。**」那麼，我們會發現一個神奇的事實：當我們快樂、愉悅、進入正面經驗時，譬如：看電影看小說看入神、在大自然漫步、與愛人在一起、禪坐……就是我們最放下自我的時候，我們，忘我了！**原來，當一個人放下了自我，他就會快樂；相反的，當一個人提起自我，他就會痛苦。忘我＝快樂啊！**所以說，忘我、無為、放下、無我或不要求正是取消最大的頭腦作用的不二法門！

所以，要學會**回歸生活中每一件事保持「不要求」狀態**。當我們能做到對事事物物不要求時，我們的「自我」就會變小，自我慢慢變小，正面的覺受與能量就會隨著慢慢變大。所以**「不要求」是最聰明的人生策略**。學會「不要求」的內在修養，人生的心境頓時天高海闊了。

停止頭腦作用的不同家派與法門也很多，譬如：山達基的聽析、種種自我了解的技術、海寧格的星座家族排列、道家的無為、奧修的神祕玫瑰靜心等等，都屬於去除內心雜念的修心技法。

從修行的角度來說，停止頭腦作用是為了還原一顆清靜的心靈，所以停止頭腦作用是心法，是一種治療內在的藥，也是一種「藥法」。

三、覺知：根本法、究竟法

第三件事要談的是「覺知」。

至於「覺知」與「放鬆」、「停止頭腦作用」的整體性關係，就留到下篇文章再論說。

覺知是根本法與究竟法，覺知是所有靈性途徑的終極目標，覺知是生命最後的源頭。所以佛的意思就是覺者，道家談的道就是覺性的本體化，而儒家的仁、良知其實即是覺性人間化的體現。

覺知是天生具足、清淨圓滿的。所以《般若心經》說：「不生不滅，不垢不淨，不增不減。」《易經．井卦》也說：「无喪无得。」照道理說，每個人都是天生覺知的，每個人都是天生的一尊佛。兒童是最接近佛或完美人格的狀態，所以常常開玩笑說，要找佛很容易，到公園的遊樂場去看看，到處亂跑亂玩的小瘋子小屁孩，都是。但人心的覺知像一面鏡子——心境，鏡子本身是澄明透亮的，但鏡面上會蒙塵，所以要經常擦拭，還原鏡子本來的清明。覺知也像一口深井——心井，井水清澈甘美，但井磚井緣會破敗長苔，所以每隔一段時間，得修復整理，保持井水不致流失，可以源源不斷的汲用。

所以覺知是不需要學習的，只需要還原，覺知是非學習性的，我們只需要尋回生命本源的清明深邃就夠了。奧修說：「**人在覺知中是不會犯錯的。**」這是一句很簡單但透徹的話語，保持覺知的生命狀態，就對了！

明代儒宗王陽明也說得很有意思：「**此心不動即為術。**」此心不動即覺知的狀態，術是方法、技術。前者是道，後者是術。王陽明的意思是說當覺知浮現，自自然然會指向做事正確的技術與方法，道術一體。跟奧修說「**人在覺知中是不會犯錯的**」的意義很接近。

在覺知中，有道有術，即本體即方法，所以**覺知是一種整體性經驗**。**在覺醒的狀態中，我們擁有全世界**。而對王陽明或儒家思想來說，通常稱為「良知」，如果給良知下一個定義，**良知就是一種充分覺醒的不緊張狀態**。良知、覺知是磊落、大氣、整體、活在當下的，那麼**覺知或良知就是一種活在當下的存在感受與心靈經驗**。

在修行功夫上，像禪坐、奧修的動態靜心與神祕玫瑰靜心的後面階段，都是直接練習覺知的技法。

覺知是生命源頭與真如之地，從修行的角度來說，是「根本法」或「究竟法」。

四、活在當下：方便法、世間法

第四件事談的是「活在當下」。

同樣的，「活在當下」與「覺知」的整體性關係，在下篇文章再討論。

但**「活在當下」與「覺知」有一點一體兩面、天上人間的味道。「覺知」是終極版的活在當下，「活在當下」是人間版的覺知。**

王陽明說：「**此心不動，隨機而行。**」此心不動即覺知，隨機而行在當下。王陽明將「覺知」與「活在當下」做了很好的連結。

奧修說：「**你無法踏進同一條河流兩次。**」事實上，每一個人生當下的片刻都是唯一、整體、真實、獨特的。只有當下是真實的存在，過去、未來事實上都是已經消失與尚未發生的假象，過去、未來跟我們無關，唯一跟我們有著真實連結的只有當下。想深一層，不是如此嗎？而且每一個真實的當下都是獨一無二的，重點在我們有沒有好好的進入它、擁抱它、品嘗它。「**你無法踏進同一條河流兩次。**」這句話，說得真好！

活在當下是很根本的生命態度，更坦率的說，**除了活在當下，我們沒有別的事可做**。筆者曾經寫下一張關於當下哲學的生活卡片，內容如下：

活在當下，回歸當下，記得自己。

當下是生命唯一真實的時空。

隨緣盡興，直下承當，溫柔接納，欣於所遇。

歡樂的定義是：能夠充分享受發生在當下每一件事的能力。

當下蘊藏了宇宙的全部祕密。

當下是生命的曼陀羅。

一個沒有過去的人，一個沒有未來的人，一個真實存在的人。一個沒有承諾的人，只為當下片刻的人生負完全的責任。

用「活著」的人生觀替代計畫性的人生觀。

一個只有當下的人，一個不割裂、不選擇的人。

再舉兩個閱讀小說的例子。筆者曾經讀過的兩本武俠小說，內容都有關於當下哲學很精彩的警語。小說《浩然劍》裡的一首詩：

白雲相送出山來，滿眼紅塵撥不開；

莫謂城中無好事，一塵一剎一樓臺。

最後兩句，意思是說，人生之中每件事都可以是好事，一塵，一剎，一樓台之中，無不是活在當下的真實與風光。

另一部小說《道士下山》講太極拳原理「**觸著即轉**」，其實觸著即轉就是當下哲學的神髓。小說裡說：「**觸著即轉是太極拳的力學，不料被和尚做了禪學。我們能化掉敵人的拳勁，和尚卻能化掉整個世界。**」又說：「**柳生原傳劍法有一句口訣——出劍的時刻，便是忘記這一劍的時刻。**」人生嘛！不就是這樣！遇到一件事，面對一個因緣，即忘記過去的成見，拋卻一切的頭腦作用，轉進一個契機，用正確的方法與行動去做事。然後……遇到下一件事，面對下一個因緣，即忘記過去的成見，拋卻一切的頭腦作用，轉進下一個契機，用正確的方法與行動去做事。然後……遇到另一件事，面對另一個因緣，即忘記過去的成見，拋卻一切的頭腦作用，轉進另一個契機，用正確的方法與行動去做事。然後……是的！**正確的人生道路也是觸著即轉啊！**同理，道家的無為，禪法的心無罣礙，也是一種即時即興面對世界的當下哲學啊！

在修行功夫上，像儒家行學之學、密教的大圓滿功法，王陽明的事上磨練等等，都是活在當下的技法與實踐。

活在當下是徹頭徹尾的人間修行，從修行的角度來說，當然是「方便法」或「世間法」。

〈談『一』件事〉的上篇，先從「分」的角度說了關於修行的「四」件事——放鬆、停止頭腦作用、覺知、活在當下。在下篇，我們進一步從「合」的角度，探討「一」的究竟。

談「一」件事（下）：

合說——一件事

放鬆、停止頭腦作用、覺知、活在當下——這四門修行的心法，其實是，一件事。四者是相互含攝的，一而四，四而一。

身體放鬆了，這是身的清淨，身的無為。頭腦作用停止了，這是心的清淨，心的無為。身與心的負面能量撥開了，去濁揚清，覺醒的心靈就自然的浮現、昇起了。但既為人身，在人間行道，就不可以虛懸覺性，即當輕輕的將心頭的清明覺醒放在人生遭遇的每一樁事每一個因緣每一項磨練上，活在當下，覺知在當下。所以放鬆與停止頭腦作用是身與心的「撥除」，覺知是「提起」，覺知在當下是「放下」。請參看如下的心靈公式：

☯放鬆／停止頭腦作用→覺知（昇起）→在當下

更深入的說，如果這四件事中的任何一件事真的百分之百的做到了，那其他的三件事也蘊含其中了，只是放鬆是「身法」，停止頭腦作用是「心法」，覺知是「根本法」，活在當下是「世間法」，各有不同的偏重，如何選擇，就看成長者不同的根器與因緣；但任何的法都只是入口、管道，而任何的入口、管道都可以通向終極真理，所以這四門心法的任何一門都是可以做到飽滿圓融、究竟無礙的。那麼，我們就可以得到更透徹的心靈公式如下：

☯放鬆＝停止頭腦作用＝覺知＝活在當下

事實上，不同家派的不同技法對這四件事，都有在做不同偏重的整合，譬如奧修的「三瑜伽」，是分成三步功夫：

☯奧修「三瑜伽」

1 放鬆 ↓ 2 觀照 ↑ 3 頭腦的停止
（藥法：身）（根本法）（藥法：心）

下面是「真空天命」的技法：

☯「真空天命」

1 真空 ↓ 2「天」賦覺性 ↓ 3「命」在當下
（藥法：心）（根本法）（方便法）

下面的兩條心靈公式是筆者常用的，在負面能量的「撥除」上，偏向「心法」的使用：

☯筆者的心得一

1停止頭腦作用 → 2回歸心靈經驗的 → 3在當下

（藥法：心）（根本法）（方便法）

☯筆者的心得二

1全然不要求的 → 2覺知 → 3在當下

（藥法：心）（根本法）（方便法）

總而言之，不管哪一條心靈公式，相同的都是展現出四而一，一而四的修行見地（或者說三而一，一而三。事實上，放鬆與停止頭腦作用是一體的兩面）。只要做好任何一件事，就等於是做了四件事；當然，我們可以自由選擇適合自己的方便法、管道或入口，但在實際修法上，不要只偏狹、割裂、偏向的做一件事，做一件事時要有等於做四件事的胸懷——一就是四，一就是整體。

說到這裡，就很難說得清楚了，所謂言語道斷，因為牽涉到生命成長不可說、難以說明的心靈境界。那就行動罷，行動裡自有答案。去做！就知道了。

是的！趕快游泳罷，去泅泳在真理的海洋罷，下海了，才會了解大海的滋味！趕快游泳罷，下海了，才會想起大海的滋味！是的！游泳是一種「想起」。就是說，游泳有需要學習的部分，但也有屬於天生的本能與渴求。

不錯！修行是一種想起，修行是一種天生的本能與渴求。

生命成長是一種想起，生命成長是一種天生的本能與渴求。

去做罷！行動罷！放鬆其實也是一種想起，一種天生的本能與渴求；停止頭腦作用是一種想起，一種天生的本能與渴求；覺知，是；活在當下，也是。

易卦篇

——64卦，擁抱人間變化的行動實錄！

前言

「易卦篇」，顧名思義，就是談論《易經》64卦的文集。21篇文章中，前20篇，先後談到了井、小畜、革、大畜、履、復、大壯、坎、泰、臨、謙、困、需、同人、蠱、豫、夬、否、乾等19個卦；而討論的範圍，包含了像品格、心靈、成長、革命、痛苦、行動、力量、真實、困境、慾望、悲傷、智慧、悅樂、純真、盛衰、平等等等的生命議題。到了最後一篇〈64卦縱橫談〉則是引領讀者做一次64卦巡禮，也就是說前20篇文章是深度的分析，最後一篇則是稍補廣度的不足。

在寫作這些64卦文章之前，筆者自訂了一個「五不談」的寫作策略與方向：

一、不一定談完整個卦。但必然談到卦的精髓。

二、不一定照經文的順序談。但盡量顧及經文的內在規律。

三、當然，不談「玄祕」的《易經》，而是談「人生」的《易經》。這是本書的基本性格。

四、不談「易學」或《易經》的外圍資料。但必然廣泛參考易學知識。

五、不用學術的形式談，而是用白話談，用討論問題的態度談。意思是用更生活化的觀點討論《易經》。

本書的每一篇文章，並不是研究《易經》的學術論文，而是筆者教授《易經》課後心得的整理，所以這本輯的文章並不是「寫」出來的，而是講課「講」出來的。也就是說，希望這是一本更生活化、白話化、討論化、時事化，而且很有生命力的《易經》文集。希望能做到，即便沒有學過《易經》，你還是可以裸讀，直接看懂這裡的每一篇文章；而且讀完文章，對學習《易經》也能起一定的幫助。

四種品格的力量
——壯大、溝通良好、長遠的利益、正確

四卦德：元亨利貞

談《易經》64卦，從四卦德談起。

四卦德就是元、亨、利、貞。

這是《易經》四個主要的德目，也可以說是中國人四個最吉祥的字。**四卦德其實是指四種品格的力量，品格，是有真實的力量的。**

64卦中，四卦德皆備的大概只有六、七個卦，其他的往往只有三、二、一個卦德，甚至四卦德全無，可見四卦德的重要。所以四卦德可以說是貫穿《易經》64卦的一股中心力量。

在解釋四卦德之前，必須先行聲明下文對四卦德的詮釋，大部分是筆者老師德簡書院王鎮華院長的慧見，所以這一篇短文，基本上是屬於王氏易。筆者的《易經》受業於鎮華老師，四卦德的說法，傳用多年，格局未改，只是加進了一些補充說明：

元：大／壯大——做人要大氣，不要小鼻子小眼睛。

什麼是大？分三點說明：

一、天地人兼顧。

這是指人生、自然、原始的整體性涵養。

天是形上系統，地是大自然系統，人是人文系統。

天指原理，地指物質，人指文化。

用今天的角度來說，有點像是指理論高度，專業技術，人文涵養。

天地人，合稱三才之道。

一個人能同時具備天、地、人三個系統的素養，才算是格局壯大的有德者。

二、知常容變，顧整有始。

第一點的要求是三才，第二點的要求是常與變。

常者常道，變者變道。

常，真理；變，權變。
常指原則，變是手段。
缺乏手段的原則是愚蠢，不顧原則的手段是無恥。
有德者能夠同時掌握常與變，才能開展整體的大氣。

三、無為無形，有情有信。

第三點要求是真（心）。
做事助人，不著痕跡，但待人處事，有情有信。真心才見大氣魄。
鎮華老師說反過就來是工商社會。
蘇軾句：「人似秋鴻來有信，事如春夢去無痕。」
「人似秋鴻來有信」是有情有信，「事如春夢去無痕」則是無為無形啊！

亨：通／溝通良好——有沒有「通」，是很重要的關鍵。

什麼是通？分兩點說明：

一、王道一貫。

前面說過三才之道，如果一個有德者成熟到可以貫通三才，那就是一個王者了。小篆王，三橫就是天人地三才，一直就是貫通三才的人格成熟。

對三才，不只具備，進一步貫通，才是真通。

原始的觀念，王者不只是政治領袖，還是人格領袖。

王者是大成熟者。

王道就是真正的通道。

二、心悅誠服，近悅遠來。

這一點說明也是上一點王道觀念的延伸。

王者，以德服人；霸者，以力服人。

《說文解字》說：「王，天下所歸往也。」能夠讓人打從心裡服氣，就是王者的德性力量。

鎮華老師說成長沒有宰制性，沒給人壓力。所以遠近的朋友慕名懷德而來，都是心悅誠服的。

利：利／長遠的利益——不是炒短線。

什麼是真正的利益？分兩點說明：

一、正利，情得以伸。

讓每個人的獨特性得到發揮，讓每個人的生命潛力得到發揮，尊重每個個體不同的主體性，容許每個不同的成長者走出屬於自己的路；不屈人從己，不壓迫他人；讓天下有德者的成長百花齊放，萬竅怒號，群龍無首。

這就是真正的教育。

這就是真正的道德。（參考上篇「道德・哲學篇」〈道德五說〉一文。）

這就是真正的利益——讓每個人內在的真情得到伸張。

二、整體、長遠的利益。

地球利益重於國家利益，國家利益重於社團利益，社團利益重於家庭利益，家庭利益重於個人利益，這是整體長遠的考量。

相反的，某前總統與他的第一家庭將個人利益、家庭利益放在黨派利益之上，將黨派利益放在國家利益之上，就是短視近利，就是炒短線了。

同理，老美、老共等大國為了國家經濟不肯對生態議題讓步，也是將國家利益放在全球利益之上，當然也是心胸狹窄的炒短線行為。

貞：正／正確——正確不是固定標準。不要用自己的正確壓迫、吞沒別人的正確。

一、正道自治，不以治人。

正道是對自己說的，不是對他人說的。

正道是調養自己用的，不是給別人施壓的。

我的正道不見得是你的正道，你的正道不見得是我的正道。

大道如天，各行一邊。

也就是說，道德是為自己而設的。（參考上篇「道德・哲學篇」〈道德五說〉一文。）

正確其實是獨特性的問題，要發現自己的正確，也要尊重他人跟自己不一樣的正確。這才是真正的正確。

二、屈伸之道，直道曲成。

鎮華老師說正要貼近反，完美要貼近不完美。

人生沒有絕對的完美，沒有絕對的正確，沒有絕對的直線。

真正的直線是不存在的，夢、理想、人生目標都得靠迂迴曲折去靠近與達成。

這就是人生的轉彎藝術。（參考上篇「道德・哲學篇」〈轉彎藝術──詭辭〉一文）。這就是真實人生迂迴曲折的正確。

元亨利貞，大通利正──壯大、溝通良好、長遠利益、正確的四種品格的力量。整理成下面的簡表：

元	大	壯大	做人要大氣，不要小鼻子小眼睛。	1 天地人兼顧	三才
				2 知常容變，顧整有始	常變
				3 無為無形，有情有信	真（心）
亨	通	溝通良好	有沒有「通」，是很重要的關鍵。	1 王道一貫	自己的通
				2 心悅誠服，近悅遠來	人我的通
利	利	長遠的利益	不是炒短線。	1 正利，情得以伸	個人的真正利益
				2 整體、長遠的利益	群體的真正利益
貞	正	正確	正確不是固定標準。不要用自己的正確壓迫、吞沒別人的正確。	1 正道自治，不以治人	自我要求
				2 屈伸之道，直道曲成	轉彎藝術

掬飲一口心靈的井水罷

井卦：井洌寒泉食／井收勿幕

井卦是《易經》的第48卦。

井卦的主題是「心靈」或「心性」。井卦就是《易經》的心靈哲學。

上一篇文章討論四種品格的力量——元、亨、利、貞，而我們可以這樣說，所有品格的力量都是從心靈出發的。心靈，是所有力量的泉源。

基本上，「井」這個卦象就是指生命的泉源、生命的源頭活水、自性的涵義。整個井卦充滿對心性問題的深邃見地，但本文只談九五與上六兩爻，因為這兩爻正好表現出中國文化或易經文化對心性的看法，有著與其他宗教不同的洞見。

其實「井」這個意象就很不同於一般了。像佛門將心性形容為「心鏡」，這是常見的用法，而使用「心井」的，大概只有《易經》井卦罷；而「鏡」與「井」這兩個不同的象徵，剛好呈現出佛家文化與中國文化不同的向度與關懷。請參考下面的整理：

心鏡——佛門的比喻／主要功能在反照／「清淨心」的象徵。

心井——易經的卦象／主要功能在飲用／「慈悲心」的象徵。

這正是佛、儒二門的不同家風啊（《易經》當然是儒家的源頭）！佛家重在清淨心性的鍛鍊，儒門則要解決人間乾涸的悲辛：一者清淨，一者慈悲；前者是心性法，後者是人間道。

好了！我們先來看井卦最後兩爻的原文罷：

九五：井洌寒泉食。

上六：井收勿幕，有孚元吉。

先來看九五爻。洌，甘潔也。寒泉，就是美好的泉水。所以九五爻的含意指井水甘潔，可以有美泉食用；比喻一種高純度、高解晰的心靈狀態；所謂無染的心，清深如井。所以這一爻也有「**清淨心**」的涵義。但真正的關鍵字是「食」一字啊！一個成熟者心靈的井水，是提供給有緣人食用的——一個成長者成熟的人格、學問、經驗、智慧，正是許許多多有緣人的源頭活水！

上六爻說的更透徹：「井收勿幕，有孚元吉。」井，就是你的心。特性是清的、深的、源源而生的，而且無條件的供養天下眾生。這一爻的含意是：井道收其大功（井收），井口不要加蓋（勿幕），內具誠信（有孚），壯大吉祥（元吉）。上六爻講一個成熟者修心大成，大用於世，一個大德之士不會私用自己的成熟；生命的成長、實踐，自己完成也不能擁有；如果修養有成卻隱伏不出，總是有虧修心的路。井卦最後一爻的精神就是心靈的井水全然開放，讓四方君子吸飲。卦辭也提過「往來井井」，人間世許許多多乾涸的心靈都會自自然然的圍繞著一個成熟者，希冀得到智慧之泉的滋養與灌溉呀！

不錯！成熟的心靈是開放的、公有的、溫暖的，而且，可以解渴的。

一篇生命成長實錄

小畜：密雲不雨，自我西郊／復自道／牽復／輿脫輻，夫妻反目／血去惕出／既雨既處，尚德載

復卦：頻復，厲

品格需要磨鍊，心靈需要涵養，都是需要一個生命的歷程，而這個生命成長的歷程，古代稱為養德。所以談完四卦德，談完井卦，接著討論一篇生命成長的實錄——小畜卦。

小畜卦是《易經》的第9卦。小畜卦的主題就是談「養德」的問題，或者是在談「小小的修養」。

既然有「小小的修養」，也就有「大大的修養」，有小畜卦，也就有大畜卦。大畜之所以大，是有深刻的背景的，下幾篇文章筆者會再說明。小畜卦就比較簡明，就是單純討論養德或生命成長。

我們從卦辭看起吧。

畜就是養的意思，小畜卦就是談培養內在德性的一卦。所以這個卦主要是講鍛鍊自我、生命成長、內聖、自愛、自覺的人生階段，在這個階段中，成長者還不具備大力氣去幫助很多的人，所以卦辭說的「**密雲不雨，自我西郊**」就說得很精準了。很喜歡「密雲不雨」這句古文，既具象，又有意境，也具氣勢。「密雲不雨」是說雨雲密布，含水量充足，但雨就是還沒下來；真正的意思比喻蓄勢待發，行將培養、爆發出大力量，但就是還沒到時候與火候。至於「自我西郊」就是回到生命基地的意思。相當程度，《易經》是從周文化的角度出發的生命記錄，所以《易經》的原名就是《周易》，所以經文只要提到「西」的方位，通常就有「回家／返歸」的義涵，更深一層的意義就是說，成長者必須回到自己的文化母土、心靈基地或自己最熟悉的生命經驗去浸淫、熏習、涵養，才能緩緩展開真正的成長與茁壯。小結一下：卦辭的「密雲不雨，自我西郊」是說回到屬於自己的生命基地是很重要的，在那裡逐漸累積出豐富的生命力量，雨雲密布，隱隱雷鳴，行將釋放出德澤天下的綿綿春雨。

接下來看爻辭，那就是一份成長實錄了。

初爻的「**復自道**」，就是說生命成長的第一步要返回屬於自己的成長道路上。必須尊重每個人的獨特性與主體性，找到屬於自己的人生方向與道路，是很重大的生命首發工作。其實也就是卦辭「自我西郊」的意思。

接著二爻說「**牽復**」，意思就是成長者找到用功的方向後，開始出發了，但成長的工作或養德的過程受到過去負面習氣的牽制（譬如懶惰、恐懼、軟弱、貪婪等等），於是成長的道路總是走得進進退退，無法順利展開，本來嘛，養德的歷程一定會有關隘險阻的。另一卦復卦也出現「**頻復，厲**」的類似說法，意思是說如果成長者的病根深種，卻仍有勇氣挑戰固習，就會出現強烈擺盪的「頻復」。因為生命的病已經陷得很深，雖然改過去病的決心很強，但慣性強大，生命擺盪得厲害，一再好轉，又一再病發，這就是「頻復」的狀況。可見仗不好打，情況有點危險，所以經文說「厲」，可是《易經》還是鼓勵這種提刀上陣、自我改革的勇氣，也就補充評論說「无咎」——沒有問題的。如果從外王、他愛的角度，教者要了解學習者的成長初期，生命會動盪得厲害，一般不會一次就全復，教育者要有耐心，對人性要有信心。在人生的泥濘裡成長，路很崎嶇，教者的不放棄，對學者來說是重要的穩定力量。從更宏觀的視角，一個文化要能忍得住許多苦難的擺盪，才真能走上成熟的坦蕩。小畜卦的「牽復」與復卦的「頻復」，都是很實在的講法，**養德一定是坎坷的，成長必須通過考驗，邁向成熟必然要付得起「價錢」**。

到了三爻的「**輿脫輻，夫妻反目**」，就是指「牽復」與「頻復」的情況變惡化、變嚴重了。這一爻用了兩個比喻——大車子（輿）的輪軸脫落了（脫輻），真正的意思指生命成長的路陷於停頓，走不下去了。另一個比喻是說成長者內心矛盾，一方面立志潛藏養德，另方面又不甘寂寞，面對世俗的誘惑與追求蠢蠢欲動，天人交戰，內心反覆，嚴重到像夫妻反目翻臉的情形。這是兩個心魔的比喻，描寫一個修道人所必須面對的功課，很傳神，也很真實。

那怎麼辦呢？就輪到另一個重要的角色上場了——痛苦。也就是四爻說的「**血去惕出**」。生命成長遇到嚴峻的關隘，有時候必須付出嚴重的代價（血去），人往往在痛苦之中才會懂得徹底的反省，然後動用巨大的扭轉力，才能夠排除生命的警號（惕出）。**人生有時候真的很痛！但沒辦法，痛苦是必要的，痛苦常常是深刻反省的動力，痛苦是成長的必修學分**。

可見成長道路的不容易啊！好不容易通過重重考驗，就是小畜卦最後說的「**既雨既處，尚德載**」。養德有了小成，終於下雨了，不再是「密雲不雨」，但仍然未圓滿，這個雨下一下（既雨），又停一停（既處），所以不要亂來，仍然要以養德為最重要的工作（尚德載）。「既雨既處」說明了很真實的狀態，小畜卦最後忠告成長者好事要一點一點的做，又要懂得見好就收，但也不要忘記是時候該把步伐踏上人世間了。所以上九爻是很好的提醒，也是鼓勵。

筆者認為小畜卦就是一篇生命成長的實錄，不是有著豐厚經驗的過來人，是寫不出來的。

真正的革命是生命內在的變化

革卦：大人虎變，未占有孚／君子豹變，小人革面

上一卦小畜卦談生命成長的歷程，到了革卦，更清楚的告訴我們生命的改革甚至革命究竟是怎會回事？

革卦是《易經》的第49卦。革卦的主題是談「革命」或「蛻變」。從社會的角度來說是「革命」，從個人的成長而言則是「蛻變」。這兩者中間就隱藏著深意了。原來革卦談革命，**革命是一種社會或國家改革工程，但社會或國家改革工程必須築基在個人內在品質成功的蛻變之上**，當然，這個「個人」的「量」也必須夠多，多到從「個人」變成「人民」或「百姓」，那社會的革命就有望成功了。也就是說，**成功的群體革命有賴成熟的個體品德，外王之前得先做好內聖的心靈改革工作，他愛之前先學會自愛**。如果從一個改革者的角度出發，**要革別人的命之前，先得革自己的命；要改變他人之前，先得改變自己；一個成熟者的革命才是真正的社會改革，一個不成熟者的革命往往只會塗炭生靈**——歷史上的例子不勝枚舉啊！

革命必須從自己做起，革命不是開玩笑的，革命絕對不是輕舉妄動，所以革卦的初爻說「鞏用黃牛之革」，意思就是說用黃牛的皮革精準牢固的綁起來（鞏的意思）。也就是革卦一開始即警告年輕人：小伙子！別亂來！別亂動！談革命，你還太嫩太早了，先把自己綁起來，讀書修德，茁壯自我再說罷。愈對群體抱持熱情的年輕人愈容易犯魯莽的毛病，但魯莽的後果常常就是傷人傷己，《易經》不主張魯莽，《易經》建議用成熟替代。

所以**真正的革命是指生命內在的變化啊！**革卦的最後兩爻說得深刻透徹。九五爻說：「大人虎變，未占有孚。」上六爻說：「君子豹變，小人革面。」真是兩句好詞！五爻的意思說一個大成熟者蛻變得像百獸之王一般威皇恢弘，動靜合度，不需要依靠占卜，人格的感人力量已然昭信天下！所以革卦到了九五爻，那個革命家已經變成大德者了！上爻的的意思也接近，成熟的人變化如豹（古人認為豹這種動物的特性就是變化），那是一種由內而外的生命變化，而一般人（小人）所謂的改革就只是改改頭面（革面），做個面子工程罷了。所以大人虎變、君子豹變指內在生命的蛻變與成長，那是真正的革命；小人就只能革面（不是革命），動動表面皮毛而已。而今天許多的所謂制度改革其實都是些小人革面的事兒，讀到《易經》革卦的最後這一爻，著實讓人感慨不已。

後記：補充幾點這些天跟朋友交換對時局看法的意見（二〇一四年四月）

一、現在已經不是違不違法的問題，現在是黑箱作業與多數暴力一起出籠的問題。

二、現在已經不是社會運動的問題，現在是社會運動背後權謀與計算的問題。

三、真正的關鍵，其實是內在革命的問題——內在是日麗風和，外在的革命一定是天高地闊；內在是一坨狗屎，外在的革命一定是拿狗屎砸人。

委屈與痛苦是生命成長的溫床

大畜卦：曰閑輿衛／何天之衢

《易經》的第9卦是小畜卦，第26卦是大畜卦。小畜卦的主題是「小小的養德」，那大畜卦的主題就是「大大的養德」囉。怎麼生命成長與養德有大、小之分呢？這跟生命成長的「背景」有關。筆者的意見，小畜卦比較是在談年輕時代的努力，雖然真誠，但由於還是年輕，未免格局不夠寬廣；至於大畜卦養德的背景就不是因為努力，而是由於，「災難」，而且是莫名其妙的災難——無妄之災。

大畜卦的前一卦（綜卦）是无妄卦（「无」就是古「無」字），顧名思義，无妄卦就是談無妄之災的一個卦。人生嘛，有時候確實可能會遭遇莫名其妙的橫逆——無妄之災、冤蒙不白、飛來橫禍。那面對這天上砸下來的石頭怎麼辦？人之常情當然是想辦法躲過，但許多時候真的是躲不了，那就只好面對與擁抱老天爺給你安排的痛苦，想方設法去品嘗痛苦的洗禮與學習，這就是上一篇「道德．哲學篇」所討論過的「痛苦智慧」了。（請參考「道德．哲學篇」裡〈痛苦智慧與示弱哲學〉一文。）所以從无妄卦到大畜卦的深層意義，就是：災難→痛苦→成長。**痛苦是成長的溫床，災難引動生命的茁壯**。

當然，當我們面對人生的痛苦與災難，我們就要停下腳步去沉澱深思，檢討自省一連串的生命問題，譬如：為什麼我要遇到如此的災難呢？為什麼我要承受這樣的痛苦呢？這些外在的橫逆真的與內在的自我一點關係都沒有嗎？還是也有我自己要負責的部分？是不是我內在的性格與外在的因緣有所掛勾？所謂性格即命運，**天災不只是天災，天災也有人為的原因；意外不只是意外，意外也又深層的理由**。那麼造成我的苦難的內在生命根源是什麼？我的生命地雷在哪裡？是什麼時候埋下的？也就是說我生命中的初始痛苦事件到底是啥內容及來龍去脈？……總之，這種種深層問題都要我們**停下腳步去沉思、尋繹與探索**。注意到嗎？很關鍵的就是**停下腳步**的智慧，所以大畜卦的內容一再強調「停止哲學」的重要性。

大畜卦的初爻就說「有厲，利已。」意思就是現實上遇到危險（有厲），就要懂得踩剎車，停下腳步（利已）。已就是停止的意思。碰到現實上嚴峻的考驗，就是大畜的主要原因，但這裡的停止不是退卻，而是為了生命更陽剛的使用，是為了更冷靜的思考眼下的難關與畜養更強大的實力。《易經》的初爻很少語氣用得這麼重，可見大畜卦強調現實上的頓挫正是養德修身的刺激與動力。

到了二爻說「輿脫輹。」就是指大車（輿）的輪軸脫落了（脫輹）了，無法正常前行，也是表達「停止哲學」的義涵。但在這一爻，《易經》的傳補充得很好，《象傳》說：「輿脫輹，中无尤也。」深意就是說人生遭逢不測的意外，被迫停下來，無法前行，但內心沒有怨尤（中无尤），反過來利用現實上的挫折加緊畜養自己，成就深厚的成長與德性。可見生命的成長才是停止哲學的真正目標。

又像四爻的「童牛之牿」與五爻的「豶豕之牙」，都是在討論「停止」的生命學習。「童牛之牿」意思是在小牛角上綁根橫木（牿），讓牠不要亂撞人。所以「牿」就是象徵一種停止的力量與機制，它的深意包含：一、牛崽子性野，愛亂頂，加根橫木當然就是防止傷人的用意。二、小牛的角剛長好，不夠強壯，「牿」也有防止傷害自己的作用。三、也有讓小牛不要那麼好玩、妄動的意思。不管是三點的哪一點，都有「止」與「養」的意義。五爻的「豶豕之牙」意思也接近。「豶豕」有二解，一是奔竄的豬，另一個解釋是去勢的豬；連動的，「牙」也有兩解，一是木欄，二就是牙齒。綜合起來，第一個解釋是用木欄將愛亂跑的豬圈起來，不讓牠亂消耗力氣；第二個解釋是豬閹了，性情比較溫馴，就不會亂咬人。所以這兩條爻辭的意思都是在講停止哲學——人生要懂得停下來保存實力、培養潛力，不要妄動亂動，傷己傷人。

當然，**停止不是目的，停止是為了壯大的生命成長啊！**因此，筆者個人認為大畜卦的主題在三爻的「曰閑輿衛」與上爻的「何天之衢」。**在人生道上遇到挫折，停下腳步，進入壯大的生命成長，每天不忘準備人生的挑戰啊！**一個在逆境中的君子，每天不忘練習（日閑）駕車（輿，比喻出發做事的能力，意義接近外王的實踐）與防衛（衛，比喻自我保護的能力，意義接近內聖的成長）的能耐，人要懂得做事，也要學會自保。漸漸的義精仁熟，水到渠成，生命愈趨成熟與壯大，最後終於能夠承擔（何，負荷）真理（天）的大道（衢）！大畜就是自我期許背負上天的大道啊！而四達謂之衢，生命擁有太多的出路與可能了。這就是大畜卦的終極理想。

所以大畜卦的**觸媒是痛苦智慧，關鍵是停止哲學，目標是生命茁壯**。整理成如下的生命公式：**災難↓痛苦↓停止↓壯大的養德修身**。

行動是人生的最佳答案

履卦：素履往／履道坦坦，幽人貞吉／夬履貞厲
復卦：中行獨復

不管是擁抱痛苦還是修身養德，都必須通過具體的「行動」或「做」，所以一連幾篇文章，我們會談到跟「行動」有關的易卦。

第一個想到的是履卦。履卦是《易經》的第10卦。履卦的主題就是「行動」或「實踐」。

在本書上一輯「道德．哲學篇」中〈行動哲學——道德就是行動！哲學就是生活！〉一文裡，筆者曾經寫下這樣的一段話：「**人生的答案不在腦袋，甚至不在心靈，而在雙手與雙腳；做，就對了；行動才是重要的，成功、失敗不是重點，不管成功或失敗，行動過程中留下來的經驗與智慧才是主題**」。是的！行動才是主題，行動才是人生的最佳答案。

「履」字的本意就是鞋子，引申義是走路、行走的意思，進一步引申就是行動、實踐的涵義。中國文化或儒家思想重視行動，行動已經不只是行動了，「行動」已經提升到一種生命態度或生命哲學

的層次。履卦初爻即將行動的珍貴飽滿說得很好，初爻說：「素履往，无咎。」象傳則註解：「素履之往，獨行願也。」翻譯成白話，初爻的意思就是：在人生路上樸素的做事是不會有問題的。「**素履**」，說得真好啊！魏晉時代的王弼註解這條經文也註得好：「履道**惡華**，故素乃无咎。」「華」字用得高啊！華指太複雜的形式，而太複雜的形式往往都沒有生命力！力氣都消耗在表面功夫上，質當然就會變弱變差了。而「素履」剛好就是相反的狀態，實實在在的做事、成長，不要將力氣浪費在表面的規章條文或文字遊戲上，是的！樸素就是力量。

「**素**」是一個很……珍貴的字，《中庸》與《論語》都有表達這個字的精神——

《中庸》說：

> 君子素其位而行，不願乎其外。素富貴，行乎富貴；素貧賤，行乎貧賤；素夷狄，行乎夷狄；素患難，行乎患難。君子無入而不自得焉！

這段文字最重要的是最後一句話：「**君子無入而不自得焉！**」「無入而不自得」是講一種精神修養的自由境界，看來「**素**」也跟自由的概念有關。

《論語》先進篇第一章：

子曰：先進於禮樂，野人也；後進於禮樂，君子也。如用之，則吾從先進。

孔子所說的野人，也很接近素履的精神。綜合分析，「**素**」的精神有四點含意：

一、素是樸素、質樸的意思——素而無文；

二、素是安的意思——安之若素；

三、素是一向如此的意思——平素；

四、所以素也有沒有依靠、沒有憑藉、直接去做的意思。

所以「**素履**」就是一種不複雜、不在乎形式、質樸、沒有依賴、自然平靜、老實面對自己問題的行動風格罷。

象傳註解的「**獨行願**」也說得好！人生必須走過成長的孤獨，才能邁向更壯闊的坦蕩。人生道路有共通性，也有獨特性；自己的路，只有自己去面對；自己打仗，只能自己上。從某個角度來說，成長是絕對孤獨的，只有成長者自己心中雪亮自己要的是什麼。「獨行願」的「願」就提及發願、立志、大事因緣的問題了。**素履往，勇敢的獨自奔赴生命中那一椿等著你的大事因緣**。

談完履卦初爻的「**素履**」，跟著談二爻的「**幽人**」。

履卦二爻說：「**履道坦坦，幽人貞吉**。」「**履道坦坦**」就是指成長的道路平坦寬闊，道是很廣大的，君子坦蕩蕩嘛。那麼，「**幽人**」又是什麼意思？我想「**幽人**」有兩個解法：

一、「**幽人**」指願意走自己道路的成長者，全世界的哲學家加起來都不會明白也說不清楚自己的「道」是什麼，但成長者卻非常清楚獨屬於自己具體卻幽微的道。也許只有同是道上行人，才能略略理解別的成長者的心事罷。

二、「**幽人**」也有指在亂世沒有舞台，欠缺進身之階的民間賢達的意思。

二爻的「**履道坦坦，幽人貞吉**」將道的廣大與成長者的微妙的心情寫得傳神。而這一爻的象傳說「中不自亂也」，就是指幽人的內心的穩定（中）是不會隨著人生際遇的順逆而放棄生命成長的初衷的。

除了履卦，復卦的「**中行獨復**」也把行動者或成長者的境界說得很好。「**中行**」就是心靈的道路，跟著內在的感覺走，「**獨復**」就是要有獨自恢復的勇氣。自己的路，自己走；自己的仗，自己上。行動，很實在，很珍貴，很尊嚴，但，也很孤獨。而關於復卦的內容，下面會有專文討論。

最後再回到履卦的五爻：「**夬履貞厲**。」意思就是說決定實實在在的實幹做事（夬履），雖然合乎正道（正），但終究有危險啊（厲）！履卦在行將結束之前提醒我們一個嚴峻的問題：在人間世中選擇行正道是不是總要冒點險呢？也許，對一個不閃躲生命問題與人生問題的行動者來說，天下沒有不冒險的仗罷。

道上行者，勉之！

力量的過用與正用

大壯卦：羝羊觸藩，羸其角／壯于大輿之輹

大壯卦是《易經》的第34卦。大壯卦的主題是談「壯大的勢力」或「強大的力量」。

但一個人或一個群體擁有強大的力量，是好事？還是壞事？

力量強大，剛健勇猛，天雷威凌，無堅不克，當然是沛然莫之能禦的態勢；但強大的力量如果過度使用，也會出現窘困與危機。所以大壯卦其實是在討論力量的過用與正用的問題。

那，大壯卦怎麼形容力量過度使用的危機呢？

大壯卦是通過「卦象」去描繪與形容的——一隻尷尬的公羊。

64卦中，很多卦都有「卦象」——透過具體的圖像去象徵卦的深層意涵，而很多卦的卦象常常是選用動物的形象。譬如第一卦乾卦的卦象是「龍」，第二卦坤卦的卦象是「母馬」，「龍馬精神」這句成語的典故就是出自這裡，所以龍馬精神事實上就是乾坤精神。而大壯卦的卦象卻是一隻憤怒的公羊。

大壯卦九三爻：「羝羊觸藩，羸其角。」就是講力量的過用、濫用。羝羊就是公羊，觸指撞的意思，藩是藩籬、籬笆，羸指纏住。那隻年輕的公羊太壯了，又年輕氣盛，兩隻強壯的角剛剛長好，角癢癢的，一天到晚就想磨角，東撞撞，西碰碰的，到處挑釁。最後這隻神經病的年輕公羊撞得沒東西撞，竟然一頭撞進籬笆，兩隻角被籬笆的空隙卡住，籬笆又釘得結實，讓這隻沒心眼的公羊向前又推不倒籬笆，想往後角又被纏住，陷入進退不得的尷尬。所以大壯的九三正是給「力量」一個警告，提醒迷信力量會造成的困窘。

歷史上「羝羊觸藩，羸其角」的例子不勝枚舉，古代像蒙古帝國橫掃歐亞，四處建立強權，但不足百年，風雲流散。今日像美國老大哥扮演世界警察，其實正是己是人非的霸道價值觀的最佳樣版，表面上是超級強權，實則是自陷進不得不在全球各地窮兵逐武的狼狽。

歷史的智慧告訴我們：迷信力量、濫用力量的，是不會有好下場的。

所以大壯卦九三爻又說：「小人用壯，君子用罔」——意思是說小人仗勢欺人，君子卻不。卦辭也說：「大壯，利貞。」壯大的力量，必須用在正確的方向啊！那怎樣才算是正確的方向呢？九四爻提出了很好的回答：「壯于大輿之輹。」

輿，車也。輹指馬車的輪軸，也就是輪子的核心。因為輪子的核心是車體結構最重要的關鍵，車軸壞了，整部車輿就不能前行了。但車軸又是受力的中心點，最容易破損，所以車軸必須打造得夠強壯，這部人生大車才能順利前行。「壯于大輿之輹」的深意就是：要在生命核心處強大，要在人生最關鍵的能力上強大，要在內在的實力上強大，要在生命之軸處強大，要在生命之舵上強大——軸ＯＫ了，車子就可以走了；舵ＯＫ了，船就可以航行了。相反，如果軸壞了，車子就走不動了；舵故障了，船就迷航了。

所以九四爻講力量用對地方，**力量必須用在生命的核心，我們必須學習建設中心力量。**

如果更深一層思考，生命的核心力量是什麼？我想就是指心的力量、心靈的力量罷。因為**心的強大，才是真正的強大；心靈的修養，才能成就真正的偉大。心靈力量是無形的，但往往能被打造成一件攻無不克的良兵利器。事實上，在人生的濁世洪流裡，我們唯一能倚仗的就只有我們的心，而唯一不會被打敗的，也是我們的心。**所以「壯于大輿之輹」的真正含意，就是指修養強大的心靈力量。

最後，下文引用著名的小說體歷史《明朝那些事兒》的一些佳句，這些句子是在討論心靈力量的幾個面相：

＊懂得暴力的人，是強壯的，懂得克制暴力的人，才是強大的。

＊張牙舞爪的人，往往是脆弱的，因為真正強大的人，是自信的，自信就會溫和，溫和就會堅定。

無須暴力，無須殺戮，因為溫和，才是最高層次的暴力。

＊飽經風霜的張學良曾經用他一生的經歷對日本的年輕人說：不要相信暴力，歷史已經證明，暴力不能解決問題。

克制暴力、控制力量的濫用，是心的修養。溫和，當然也是心的修養。

暴力不能解決問題，心，可以。

兩種偉大的力量

坎卦：維心亨，行有尚

坎卦是《易經》的第29卦。坎卦也是基本八卦之一，請參考上篇「道德・哲學篇」中〈八卦與陰陽〉一文。坎卦的主題是談「人生的危險與逆境」。而坎卦的卦辭很珍貴的點出了兩種面對人生危機與逆境時的偉大力量——心靈與實踐。原文就是「維心亨，行有尚。」——面對人生的危機與逆境，心靈是可以悟通的，行動是很好的。

關於這兩種「處險」的力量，德簡書院院長鎮華老師的見解很精闢，下文就是老師的慧見：

中國文化的兩隻腳：心靈與實踐

易經坎卦卦辭說：『維心亨，行有尚。』意思是：在危機時代，環境再艱難，至少還有兩條路走得通。一條是自己的心神可以感通、悟通，時代因何否塞，環境糾結陷溺何處，知識經驗或許解不開，心領神會時則不言而喻。另一條是自我實

踐，改革社會非一時可蹴，但至少可以先面對自我成長的問題，由實踐、成長到成熟，

自我充實了，治世亂世都不怕沒有服務別人的機會。

關於心靈力量，請參考上一篇短文〈力量的過用與正用〉。

至於行動，請參考上篇「道德・哲學篇」中〈行動哲學——道德就是行動！哲學就是生活！〉一文。

心靈的感知可以超越知識，心靈也比頭腦敏捷，更早而且更真實完整的直指人生的答案與途徑。

行動，是最直率陽剛的心靈配備，行動的重點不在成敗，而在狀態與心得。

心，是靈的、是神的。

行動，是人間的勇氣與風度。

人生的真實準確

泰卦：无平不陂，无往不復，艱貞无咎，勿恤其孚，于食有福

泰卦是《易經》的第11卦。泰卦的主題是談一個「通達、開放的時代」，相對於下一卦的否卦是談「不通、閉塞的時代」。更扼要地說，泰卦的核心意義是「通」，否卦是「不通」。但本文不是從大視角談泰、否二卦盛衰通塞的問題，而是邀請讀者共享在泰卦中筆者很心愛的一爻，九三爻。

上一篇文章談到行動是人生的主題，面對人生的複雜，做，就對了。那這樣的生命態度與哲學會對人的一生產生怎麼樣整體的影響呢？泰卦的九三爻提出了一個很完整的答案。事實上，泰卦談一個時代的發展，有點由盛轉衰的味道，而九三爻是盛衰之間的轉戾點，很喜歡這一爻辭意的深邃洞透。也許，寫作《易經》的先哲們，在沉思盛衰治亂的問題時，發現了人生行動更深層的內在規律。請看下文的詮釋：

无平不陂　再平坦的人生路也必有顛簸、崎嶇。

无往不復　任何的努力都必然會「復」。往（付出）來（報酬）是短暫的，頂多一世，但真正的恢「復」卻是恆常的，但必須對他有信心。

艱貞无咎　不論處何時代，用艱難、守正的態度（憂患感），就不會有狀況。

勿恤其孚　不用擔心它的準確性。

于食有福　詩經說：「既醉以酒，既飽以德。」酒可以用來喝醉，實踐的心得卻可以讓心靈飽足。「實行」（實實在在的做人做事）的人生態度，只要堅持，對精神的糧食來說，絕對會有福報的。

——從人生說，一定有波折；從終極說，絕對會恢復。這是人生「先艱難而後心悅」的透徹本質。

從種種知識與雜念的桎梏中掙脫、回返行動，人生即由假變真。只要肯做，一石衝開千重浪，任何實踐的石頭丟出去，不管大小，都一定會有反響的。

哦！原來人生可以如此真實準確。

不同人生階段的行動智慧

臨卦：臨，元亨利貞。至於八月，有凶。

初九　咸臨，貞吉。

九二　咸臨，吉，无不利。

六三　甘臨，无攸利，既憂之，无咎。

六四　至臨，无咎。

六五　知臨，大君之宜，吉。

上六　敦臨，吉，无咎。

臨卦是《易經》的第19卦。臨卦的主題是談「面對、面臨」的人生態度，也等於在談「行動力」的問題。

前面好幾卦都在討論行動哲學，但談不同人生階段的行動主題，就以臨卦談得最完整，所以上面收錄了臨卦的全文，以供參考。好罷！就讓我們討論討論這個「人生行動全紀錄」的臨卦。

前言——參與、面對人生，不作人生的逃兵

首先點題，臨卦講的是「參與、面對、行動」的人生態度，也就是俗話說的「下水、到位、玩真」的意思。

臨卦的上下卦是「兌下坤上」，整理成卦象就是「澤上有地」。澤是海洋，海洋上的陸地就是岸邊了，意思就是面臨大海，站在人生最前線，再往前一步就下水了。與人生的戰場緊密接壤，所以臨卦講的是準作戰狀態。

《雜卦傳》畫龍點睛，一針見血的點出了臨卦的眼，說：「**臨觀之義，或與或求**。」用「**與**」解釋臨卦，用「**求**」解釋觀卦，**與就是參與真實的人生啊！**《序卦傳》則作進一步解釋：「**臨者，大也**。」意思是說，**參與、面對人生，不作人生的逃兵，人生的格局與氣度當然就大了**。

奧修也有解釋「參與」的意義，跟臨卦的精神很接近，他說：「跳進河裡，永遠不要成為一個旁觀者。旁觀者是世界上最可憐的人。……生命只能透過參與來知道，不要成為一個旁觀者。……跳進河裡，那是知道生命的唯一方式。……透過參與會有愛產生，透過參與會有真理產生，透過參與會有美產生，透過參與到了最後會有神出現。」是啊！「參與、面對、行

動」，是人生大法。

行動走向「完美人格」與「憂患意識」

臨卦卦辭：「臨，元亨利貞。至於八月，有凶。」卦辭指出了「行動」的兩大方向。

首先，臨卦是四卦德皆備，關於「元亨利貞」的含意，本輯第一篇文章就討論過了。這裡的深層意義就是說：**行動、面對、不埋怨、不閃躲，是最飽滿完整的生命狀態啊！**行動者的德性飽滿完足，**行動者的生命狀態趨近完美人格！**

至於第二個方向的意涵就比較曲折了。「至於八月，有凶。」到底是指什麼意思呢？傳統註家對這句經文的解釋有很多不同的版本，但仔細分析比對，會發現不同的解釋的基本方向還是一致的。在十二月消息卦中，臨卦是十二月卦，下一卦是一月卦的泰卦，到了八月卦就是觀卦了。泰卦是十二月消息卦中最飽滿、諧和、吉祥的一卦，也就是滿意的考試結果出來了，那前一卦的臨卦就是最緊張的考試季節囉；至於從臨卦到觀卦，歷經冬末生機的萌吐、春天的勃發、夏季的陽氣旺盛、到了八月仲秋，生命力開始走下坡，就到了需要冷靜觀察的人生階段了。所以「至於八月，有凶」的真正意思，就是說：**再強勁的人生走勢總有走下坡路的時候，在人生事業行將（臨）到達顛峰（泰）之際先擬定好一份破產計畫書（觀）**。這就是「未慮勝，先慮敗」的憂患思想啊！

所以說「完美人格」與「憂患意識」是行動者的兩大方向。

年輕階段的行動——用感動面對人間（咸臨）

在臨卦，初爻應該是指年輕歲月的行動。經文是：「初九：咸臨，貞吉。」咸就是感，就是感動。「咸臨，貞吉」的意思就是指**年輕生命用心頭的溫柔、感性面對人間**，重點是感動要正。生命的初階容易感動，用感動、感性去行動，這是很好的。**感動其實是很陽剛而溫柔的珍貴，年輕生命能用感動的心去做事，事實上就是國家的元氣；相反的，如果青春無夢，整個民族的未來是很可怕的。**

人生第二個階段的行動——更成熟的感動（咸臨）

筆者個人認為，這裡所講的人生第二個階段，大約是指「而立之年」的人生歲月罷。經文是：「九二：咸臨，吉，无不利。」又一次出現「咸臨」，但這時候年齡稍長了，人生經驗較多了，卻仍然未失去感動、感性的情懷，所以比起初九的「咸臨」，九二的「咸臨」是指**更成**

熟的感性，更深沉的感性，通過人生考驗的感性。事實上，感性是很陽剛的力量（初、二兩爻都是陽爻），不放棄用感動面對人間，當然沒有不利的狀況。

人生第三個階段的輕忽，行動的力道變弱了——把人生看得太容易了（甘臨）

基本上，臨卦是一個很強、很飽滿的卦；臨卦六爻，只有六三是凶爻（其實也不太凶，有補救之道）。經文是：「六三：甘臨，无攸利，既憂之，无咎。」意思就是說當一個成長者邁過了容易感動的年輕歲月，能力、經驗以及各方面的條件都比較成長了，這時候就有點太甘美的面對人生（**甘臨**），沒什麼好處（**无攸利**），如果能夠及時用憂患意識面對（**既憂之**），就沒有問題了（**无咎**）。

甘臨有一點疏忽，把人生看得太輕鬆甜美，看來「掉以輕心」也是人生的必經階段，一托大，行動的力道就變弱了。修正策略就是「憂患意識」。

中、壯年階段的行動——真刀真槍的面對人生（至臨）

上一個人生階段太輕忽了，到了這一爻就有點調整、修正的意味。

六四爻的經文很簡單，只有六個字：「六四：至臨，无咎。」關鍵是「**至**」字，「**至**」就是到位、臨場感、下海、玩真的、真刀真槍、真實面對的意思。所以這一爻就是說**真刀真槍的面對人生，當然沒問題**。

不閃躲真實人生的考驗，不滑過真實人生的經驗，不埋怨過去，不期望未來，而是老老實實、全力以赴的提刀上陣，這是最飽滿真實的生命態度了。

補充一點，做任何事「**臨場感**」是很重要的，筆者有一個「火燒屁股」理論，頗符合「**至臨**」與「**臨場感**」的涵義：

火燒到屁股才叫痛是最真實的行動——

一、提前準備是疲弱、無用的準備；

二、事發前一步的準備是最激發、活潑的準備；

三、事情一邊發生一邊行動是最圓融、成熟的準備。

領袖階段的行動——智慧與知人善任（知臨）

易卦每卦六爻，到了五爻就是君位——領袖的階段，也就是指各個領域、各行各業的頭兒。所以臨卦六五爻的「**知臨**」，就是講一個領袖的行動藝術或管理藝術。

一般來說，「**知臨**」有兩個解釋：

一、知，智也。就是用智慧臨事臨民，所以智慧是行動的主題。

二、知是知人善任。就是用知人善任臨事臨民，所以提拔人才是行動的主題。

這兩個解釋基本上是相通的，但值得注意的是，臨卦的五爻是陰爻（六五），不是陽爻（九五），所以臨卦的君不是「有為而治的君」，而是「無為而治的君」，「無為之君」又稱為「空王」，這裡頭隱藏了中國文化的管理哲學與智慧。

「空王」是指不堅持己見，可以接受多元的意見與簡拔多元的人才，本身看起來沒什麼用、沒什麼原則、但四方八面的人才卻樂於為其所用，具有很大的接納性的一種領導風格。當頭兒的人自己不露鋒芒、不顯山露水、不出風頭、甚至於不用太做事，他唯一需要做的就是發現、起用、信任人才，讓手下的人出風頭，這就是「空王」的管理哲學與領導藝術。像中國人的「象棋」，最沒用的就是「將、帥」，這兩個子不能離開王城，也完全沒有殺傷力，但所有厲害的車、馬、砲與其他子都要忠心耿耿的保護它們，就是這種「空王」哲學在棋藝中的體認。經典小說《三國演義》與《水滸傳》也有類似的思想——《三國演義》中，蜀漢的領袖劉備武藝遠遜關、張，謀略難及諸葛，但一眾出色的文武人才，像諸葛亮、龐統、關張趙馬王等等都對看起來最沒用的劉備死心塌地，這是因為劉備信任每一個人才，他感動他們，他本身不需要有用，卻發揮了最大的領袖作用，無用大用啊！《水滸傳》的領袖宋江也有類似的意涵，宋江韜略不如智多星吳用，宋江會點法術也比不過入雲龍公孫勝，宋江也懂一點武藝但也遠遠不及關勝、林沖、秦明、花榮、張清等等如雲猛將，但偏偏梁山泊其他一零七好漢都對宋江服氣，這是因為宋江不是用能力，而是用仁義與氣度折服群雄，讓所有梁山英雄都對一個能力不如他們的及時雨宋公明低頭，這也是「空王」思想在小說作品中的表現。

總之，臨卦六五爻的「**知臨**」告訴我們對一個領袖或組織來說，人才是最重要的關鍵，一個好的領袖或主管得用智慧、信任、品格、氣度去發現人才、尊重人才、起用人才。「空王」是智慧，你也可以說它是權謀，它更是指一個王者的風度與中國文化的統馭哲學。

人生晚年的行動——成熟的教導（敦臨）

到了最後一爻，就是指晚年的行動了。經文是：「上六：敦臨，吉，无咎。」敦，厚的意思，敦臨就是厚臨。就是用成熟豐厚的德性面對人生，用成熟豐厚的德性面對下一代啊！人生的最後一個階段，總結一生深厚的行動經驗與心得，給人間一個深刻的教導啊！所以《象傳》說：「敦臨之吉，志在內也。」這是內在經驗的整理，這是內在經驗的傳授，也是內在經驗的純化與昇華。

這就是臨卦的行動全圖，這一個卦將人生不同階段的行動主題都點出來了。文章最後，讓筆者做一次最後的梳理罷：

整體而言，行動人生會走向「完美」與「憂患」。

年輕人，用充沛的感性行動。

稍年長，用更成熟的感性行動。

但行動者得小心稍一輕忽，就會把人生看得太簡單了。

所以更強壯的行動者，調整態度，真刀真槍的面對人生。

到了領袖的階段，最重要的行動就是發現、提拔、起用人才。

最後，人生晚年的行動，就是給人間一個深刻的教育，這就是行動者的最後課題了。

不同人生階段的復返初心

復卦：復，亨，出入無疾，朋來無咎，反復其道，七日來復，利有攸往

初九　不遠復

六二　休復

六三　頻復

六四　中行獨復

六五　敦復

上六　迷復

上一篇文章討論臨卦，談人生不同階段的行動；真切的行動會帶來生命的復元與茁壯，所以本文談復卦——人生不同階段的復元。復卦是《易經》的第24卦。復卦的主題是談「重生、復元」的問題，更深入的說，是在討論「**內在力量與熱情的恢復**」。

復，是一種生機勃發的人生轉戾點。復卦談恢復、休養、重生、甦醒、振興的問題。那，什麼情況下需要動用到「復」的力量？我想大概有三種情況：

一、真的生病了。

二、身處懶惰、委靡、茫然的人生悶局。

三、犯了大錯。

復卦是一個很有力量的卦，《易經》卦辭所描述的復的力量是很強大的。復卦也是「十二月消息卦」中的十一月卦與子時卦，周曆以十一月為歲首，周朝人在冬至的那一天過年，所以復卦也是「十二月消息卦」的第一個卦。不管是冬至日還是子時，都是一個很微妙、敏感的時刻，所謂「一**陽初動處，萬物未生時**」，它的深層意義是「衰極而盛、由弱轉強、生機萌發的轉戾點」。南懷瑾先生提出「活子時」的觀念，意思就是復的功法在真實人生裡的靈活運用。人生有著許多由衰轉盛的關鍵時刻，如果能夠敏銳的掌握，適時的休養生息或用藥調理，就能夠讓身心靈的能量得到很大的提升甚至延年活命。至於「活子時」或敏感捕捉復的力量的例子，譬如：大病初癒、迴光返照、人生谷底、少女初潮、女性月事、產後坐月子、冬至日或子時禪坐靜心等等。「活子時」就是由衰轉盛之際，身體與心靈處於敏感時刻，很類似「渾沌理論」所說的開放系統（openning system）或蝴蝶效應。（butterfly influnce，「蝴蝶效應」的比喻是「今天一隻在北京拍動翅膀的蝴蝶所造成的氣流擾動，會演變成三個月後舊金山的一場大風暴。」其實「蝴蝶效應」的真正學名是「對初始條件的敏感依賴。」意思是當系統的發展進入一個敏感點，整個系統即成為一個開放系統，這時只要加進一點點影響，即會造成整個系統革命性的後續變化。也就是小尺度的力量形成大規模的影響。）這時身體或心靈進入開放狀態，適時的做一點事，或加進一點正面的力量，將會出現十分可觀的加乘效果。筆者即曾經聽過妻子的朋友在產後調理治癒胃癌的事例。另外，《易經》中的象傳也有描寫這種微妙時刻的文字：「雷在地中，復。先王以至日閉關，商旅不行，后不省方。」「至日」就是冬至日，而復卦就是十一月卦及子時卦，古代先王在冬至那一天閉關修養，靜靜感受復的力量的生發；在這一天商旅活動完全停止，當代的君主（后即現代的君王，相對於先王而言）也暫停省察地方的行程。也就是說，從前的王者深深懂得當復的力量重現、萌吐之際，要靜靜的觀察它、感覺它、等待它、不驚擾它，讓生命的契機慢慢的綻放、回返。象傳所舉的三個例子，都是要表達這一層意思。那，復的力量究竟是一種怎麼樣的力量？在復卦的卦辭有很好的說明。

復，一股很強大的力量。復卦六爻一陽五陰，而敏感、微妙、關鍵力量萌發的根源就在唯一的陽爻——初九。卦象「雷在地中」，意思指一個很大、很陽剛的力量要從生命基層崩發出來。復的力量是強大的。

復卦的卦辭很長，其實都是在形容這種強大、微妙的力量：「**復，亨。出入無疾，朋來無咎，反復其道，七日來復，利有攸往。**」翻譯成白話文，大意是：一陽來復，打開了人生的通路。只要喚醒內心的陽剛，出世入世都是ＯＫ的，而且不管是一串好運或一串壞運來造訪都沒有關係，只要能夠回歸真理的家。但人生低潮到生命元氣的恢復需要一定的時間（用「七日」來比喻），**只要生命有自覺的方向，總會穿透人生的暗夜的**。

補充幾點：卦辭說的「七日來復」，不是真的七天才能恢復，「七日」應該是比喻七個階段或好幾個階段，中國文化不是科學性文化，數字往往代表象徵的意涵，而不必計較它的精確性。人生事態的發展常常就是這樣，好好好連三好，壞壞壞連三壞，不管好事壞事總會接踵而來，才會出現改變的轉機。這應該就是「七日來復」的真正意義。另外，《易經》中的彖傳註解復卦的精神說「剛反」，「天行」，又說「復其見天地之心乎」。意思指生命的陽剛回來（**剛反**），而且這種陽剛的回返是大自然規律的必然趨勢（**天行**），但要能夠敏感的覺察、捕捉這種生機的蠢動，這種蠢動就是平時不容易體悟的「**天地之心**」——天地之間的本質與內核。

看完卦辭，應該對這種微妙、關鍵的力量有了更好的理解，但對這種力量說得最一針見血的還是雜卦傳：「復，反也。」復，就是返回心靈的力量啊！或者說復返初心，初心就是生命最原始、純真的feel與元氣。所以，**復卦其實是很「嬰兒感」的一個卦**，老子說的「**復歸於嬰兒**」，也是這層涵義罷。

談完卦辭，再看爻辭，六爻的爻辭：「**不遠復**」、「**休復**」、「**頻復**」、「**中行獨復**」、「**敦復**」、「**迷復**」，應該是指不同人生階段對復這種力量，不同程度與態勢的掌握。

「不遠復」——人生初階的敏感清純

初九（唯一的陽爻）的「**不遠復**」理當是最貼近復的本質。

「**不遠復**」有兩個解法：

一、迷失不遠，馬上就復。

二、不必遠求，就從自身最卑微的地方做起。王鎮華老師說就是「偷、懶、私、賴」。每個人的缺失與習氣都有不同，從自己最熟悉的「老朋友」起復，是最有效的作戰策略。

這兩個解釋都很精要，說法不同，但都說明了人生初階、青春生命比較容易迅速改過復元的敏感與清純，因為生命的習氣還不深重嘛。大概是由於比較接近「初心」，回「家」的路比較近。「**不遠復**」的意義很接近《論語》裡孔子稱讚心愛弟子顏回的「**不貳過**」——年輕心靈習氣不深，警戒系統敏銳，一犯過，心靈警報大作，馬上扭轉回歸原點，立即在出發處修正調整，就容易不再重犯。相反的，如果積習已深，過失的路已經走得迂迴曲折，再要尋回原點，找到問題的根源，就不是那麼容易了。

「**休復**」——走了一段人生路，休息是美麗的

如果病情或積習稍深，做不到「**不遠復**」，那就需要沉澱反思，而休息是最好的沉澱了。那就是二爻的「**休復**」。走了一段人生路之後，需要休整養息，有時候休息是很美麗的。

「**休復**」也有兩個解法：

一、休，休息的意思。見《說文解字》：「休，息止也。从人依木。」需要找顆樹靠一靠。

二、休，美善的意思。《詩經．商頌．長發》：「何天之休。」讚嘆大自然的壯美。人生行道，走得乏了，便好好休息沉澱罷，讓生命美麗的恢復。讓心靈，睡個美容覺罷。

另外，六二爻的《象傳》說：「休復之吉，以下仁也。」提出了「**下仁**」的觀念。個人覺得，經文的「**休復**」傾向從內聖（自愛）的角度講自我的休整與恢復，而傳文的「**下仁**」則是從外王（愛人）的角度談如何幫助他人的恢復，對於經文來說，應該算是提出了一個新觀點。「**下仁**」的意思是說，要讓他人有美好生命恢復的吉祥，要懂得用下仁的態度。下仁就是無成見、無身段、無姿態。就算有很好的想法與理念，也不要希望用自己的知識、言語，就能讓學生接受。要下來玩他們的遊戲，學他們的說話方式、思考習慣，用被幫助者熟悉的管道溝通，學習群眾的一套。「**下仁**」是很重要的教學態度。擺落教者的形象，不採取高姿態，每個人都

有主體性，高姿態別人不會來。《易經》其他地方也說過「**用晦而明**」（低的教者姿態，高的教育效能）、「**平施**」（平平的、平等的施教），意義也接近，都是講一種平等性教學的心法。

「頻復」——挑戰固習的強烈擺盪

如果病根深種，成長者仍有勇氣挑戰固習，就會出現強烈擺盪的「**頻復**」。這時生命的病已經陷得很深，雖然改過去病的決心很強，但慣性強大，生命擺盪得厲害，一再好轉，又一再病發，這就是「**頻復**」的狀況。可見仗不好打，情況有點危險，所以經文說「厲」，可是《易經》還是鼓勵這種提刀上陣、自我改革的勇氣，也就補充評論說「无咎」——沒有問題的。

如果從外王、他愛的角度，教者要了解學習者的成長初期，生命會擺盪得厲害，一般不會一次就全復，教育者要有耐心，對人性要有信心。**在人生的泥濘裡成長，路很崎嶇，教者的不放棄，對學者來說是重要的穩定力量**。

從更宏觀的視角來說，一個文化要能忍得住許多苦難的擺盪，才真能走上成熟的坦蕩通路。

「中行獨復」——孤獨的心靈之路

要注意的是，四爻是外卦的第一爻，意思指社會性的初階。也就是說，到社會上想要復，得靠自己了。自己的路，自己走；自己的仗，自己上。而且是「**中行**」，就是心靈的道路，跟著內在的感覺走，要有獨自恢復的勇氣，「**獨復**」。在人世間要中道行世，走心靈的路，回到初心，會是很孤獨、嚴峻的考驗。

另一點特別的，是這一爻沒有任何評語，是有深意的。不加「吉」、「利涉大川」、「无咎」，是因為在世間行走中道，是很重要的考驗。另方面，「**中行獨復**」太珍貴了，《易經》也不忍心加「凶」、「厲」、「吝」等負面的評語。所以經文就很精準、莊重的只下「**中行獨復**」四個字。

「敦復」——壯年之後，仍然能夠自我要求的生命厚度

初爻「**不遠復**」之後，又歷經「**休復**」、「**頻復**」、「**中行獨復**」，累積了堅實的成長經驗與生命厚度，敦者厚也，所以「**敦復**」就是厚復了。至於這種壯年之後的生命厚度的內涵為

何，傳文有更具體的指出。

《象傳》說：「敦復无悔，中以自考也。」人到壯年之後，內心還具有自我檢察、反思、調整的能力，當然是生命厚度的表現了。意思是說，**成熟之後最珍貴的能力就是反省自己**。

「迷復」——失去復的力量的晚景悲情

人到晚年，成見根深蒂固，執迷太深，到這個時候才想復，來不及了。所以經文說「**迷復，凶。**」

人生晚年最凶險的危機是堅持錯誤，失去了復的柔軟與生機。這一爻經文舉的例子都很嚴重，都是說明失去復的力量的晚景悲情。

看完卦爻辭，總結的說，復卦的基本精神就是「一**陽來復**」。一回來，就是一切回來、整體回來，不要小看一，有時候一就是一切。中外古今不乏許多一個人或一小撮人初心萌發、立志發願，即推動整個歷史巨輪的例子。

關於復卦的格局與主軸，王鎮華老師在他的著作《黃河性情長江行》有很清楚的說法：

六爻全無主詞，因此主詞可能是一個人、一個單位、一個國家、甚至整個人世，也可能是一件事、一個情況（當然與人有關），這是易經典型的「無主詞句法」。全卦但有復之義，盈虛尚不明顯；且偏重人的陽復（生命精神的自覺），格局還沒擴充或抽離到涵蓋整體的規模。

強調初發的力量，不講宏觀的規模，所以說「一**陽來復**」是這個卦的主題與基調。

當然，還有一點值得一提的，是復卦的前一卦是剝卦，**剝極而復，意思指在絕望的情況中常常會有生機的出現**。

最後列出在討論復卦中，我最鍾愛的句子及見解如下：

一、一陽初動處，萬物未生時。

二、只要喚醒內心的陽剛，出世入世都是OK的。

只要生命有自覺的方向，總會穿透人生的暗夜的。

三、人生行道，走得乏了，便好好休息沉澱罷，讓生命美麗的恢復。

四、心靈的道路，跟著內在的感覺走，要有獨自恢復的勇氣。

五、成熟之後最珍貴的能力就是反省自己。

六、人生晚年最凶險的危機就是堅持錯誤。

附錄：閱讀復卦對教學工作的啟發

附錄這篇小文章是二十年前，初學《易經》、剛出道為人師時的讀易心得。二十年後，開始整理易經，附在文後，也算是為年輕歲月留下一個小紀念。

面對教學環境枉顧品質以及學生心靈扭曲放棄的雙重糟蹋——環境糟蹋與自我糟蹋——一個教者或會埋怨，但一埋怨就閃躲現實，實踐力不小心一滑動，整個教學的熱情與努力就由真變假。讀《周易》復卦，裡面提出三點消息，對一個傳統文化的教學工作者來說，既嚴厲，又興奮：

大德與小德——大復與小復

自己德不夠大，小德，不是大德；教化力量不夠，小復，未能大復。這是教學工作者應該注意的。老子講得好：「**道隱於小成**。」自己德不夠，卻閃躲、逃避、埋怨現實不可能，其實自己只是小成。一個基本的態度是：自己不夠好，不能輕易對現實失望。學道的人不成熟，反而傷害、隱埋道——道隱於小成。面對教學環境的艱難應給予生命成長更大的彈性。反躬自省，要求自己是最根本的解決方法。

下仁

復卦上說：「**休復之吉，以下仁也**。」要有美好生命恢復的吉祥，要懂得用下仁的態度。下仁就是無成見、無身段、無姿態。就算有很好的想法與理念，也不要希望用自己的知識、言語，就能讓學生接受。要下來玩他們的遊戲，學他們的說話方式、思考習慣，用他們的管道溝通，學習群眾的一套。「**下仁**」是很重要的教學態度。擺落教者的形象，不採取高姿態，每個人都有主體性，高姿態別人不會來。周易其他地方也說過「**用晦而明**」、「**平施**」，意義也接近。

頻復

成長初期，生命會擺盪得厲害，一般不會一次就全復，教育者要有耐心，對人性要有信心。在人生的泥濘裡成長，路很崎嶇，教者的不放棄，對學者來說是重要的穩定力量。

「**大德與小德**」是自我要求，不逃避現實的脈絡；「**下仁**」是積極的溝通態度；「**頻復**」是不放棄，對人性、對成長。在低氣壓的教育氛圍裡，周易彷彿為我推開了一扇窗。

個人修養的最高境界

謙卦：勞謙，君子有終

前面幾篇文章談了許多關於行動的問題，那從個人修養、生命成長的角度來看，行動有沒有最高的境界呢？生命內在有沒有最高的品德呢？《易經》的答案是肯定的，答案就是：謙德。

謙，是個人成長的終極境界——君子有終。

謙卦是《易經》的第15卦。謙卦的主題當然就是談「謙德」。問題是：我們經常說人要謙虛、謙遜、謙讓，我們常常說謙，卻不見得了解「謙」的真義。究竟什麼是謙這個德行的深層意義與真實意蘊呢？

我們先從卦象開始尋找問題的答案。

謙卦的下卦與上卦是「艮下坤上」，艮卦代表山，坤卦代表地，那麼謙卦的卦象就是「山下地上」，所以**謙就是高山上有平地**。意思是說一切偉大心靈的最高處都是平平的，平平而來，平平而起，平平而立，平平而活，所有人格高峰的極致處都有一片寬闊廣大的平凡，這就是易經哲學的深刻用心——高山上有平地。

歷史上最偉大的心靈都是平凡的——最大的最小，最高的最低。我們舉一個著名的聖經故事為例，耶穌與十二門徒最後晚餐的故事。在最後晚餐中，耶穌已經預知明日將至的苦難，但門徒還為了餐桌座次與地位高低而激辯。這個時候，耶穌說話了：「你們為什麼要爭執呢？你們知道嗎？所謂領袖就是在你們中間地位最低，服侍你們最周到的人。」說完了就一一為門徒洗腳。大門徒彼德著急了，說：「主啊！你怎麼可以給我洗腳呢？」耶穌說：「我這樣做，你現在不明白，將來卻一定會明白的。」停頓片刻，又說：「你們稱我主，稱我老師，但我尚且給你們洗腳，你們就不該彼此洗腳嗎？僕人不能大過他的主人，受差派的人不能大過差派他的人。」由此可見，這是東西文化共通之處，最高明的最平凡。這就是謙的風度，耐人深思。

謙，不只是德行與修養的問題，還關係到生命力的青春與老化。一個人的生命力開始衰老便會驕傲，因為他已然沒有力氣去學習、擁抱新事物，所以只能執著於過去的榮光而驕傲，事實上過去已經跟自己沒有關係了，過去已經不存在了。所以驕傲代表內在生命力的衰萎，自滿是老化的象徵；而謙虛、柔軟、願意學習新事物的心才是年輕的，謙是真正意義上的青春與豐富。

說了那麼多，那謙的深層意義到底是什麼呢？筆者認為，對謙最好的定義是「中空狀態」。是的！**謙就是生命內在的中空狀態**。將學習過的所有知識、理論、觀念、心得、經驗、智慧消化吸收，然後忘卻放下（事實上真知識是不可能被忘記的，忘記的只是文字語言，真正的知識已經內化成生命經驗的一部分，不用去記得卻自然存在），常保一顆中空、柔軟、無成見的心去學習、擁抱新知識與新事物。所以謙不僅是表面態度的謙卑，**謙更是指最佳的學習狀態啊！**像一個水杯經常倒空，隨時可以注入新水。又像清空了的心靈倉庫，才可以搬進新的貨物。也很像武俠小說的吸星大法，要將內力散入四肢，丹田常常保持中空，才能吸入他人的內力。這麼說來，謙不是有點像道家思想所談的「無為」嗎（請參上篇「道德・哲學篇」〈無為哲學〉一文）？所以**謙是態度上的柔軟，謙是生命內在的清空，謙是學習經驗上的高峰，謙是一種精神上的無為，謙是心情上隨時準備好吸收學習的興高采烈與青春洋溢！**

但是，對個人成長的最高修養來說，謙，夠嗎？從整個謙卦的理路來看，答案顯然是：不夠的。還要加一個字：勞。

《易經》64卦，每卦六爻，基本上每一卦的六爻都是有吉有凶，但64卦中，只有謙卦是六爻皆吉，可見《易經》對謙德的重視，而謙卦六條吉爻之中，九三爻更是吉中之吉。謙卦九三爻：「勞謙，君子有終，吉。」勞的涵義就是勤勞、勤懇、勞動、努力、實踐、埋頭工作等等的意思。這不是很接近儒家思想所談的「有為」的觀念嗎？一個君子能夠用心成長與努力工作，又擁有絕佳的學習能力（因為心靈清空），面對這樣的一個人，很少人能夠不折服與低頭的。所以九三爻的易傳說「萬民服也」。

好了！在這一篇文章，我們談了謙卦很珍貴的兩個字：謙，勞。

勞＋謙＝最珍貴的生命狀態。

謙很像道家的無為，勞接近儒家的有為。

謙＋勞，不就是「無為而無不為」的思想觀念嗎？（參〈無為哲學〉一文）

勞謙君子，生命成長的最高境界。

哇靠！埋頭做事＋中空心靈！

這樣的人很難有對手了。

筆者願與諸位讀者，共勉！

附錄：一段關於「暴力」與「解除暴力」的看法

這篇文章是在二〇一四年的五月寫的，這幾個月間，台灣的街頭運動達到一個高峰，其中有感人的，也有爭議的。附錄的這篇文章有提到謙卦的內涵。

事實上，有四種暴力：

一、力量的暴力：強欺負弱。（例：政府、強國喜歡用這一種）

二、多數的暴力：多欺負少。（例：霸凌、群眾喜歡用這一種）

三、兩性的暴力：男欺負女，通常是。（例：男性沙文主義、過度的女性主義運動屬於這一種）

四、知識的暴力：聰明欺負笨。（例：專家學者或所謂靈修者喜歡用這一種）

最近台灣經常發生的是第一種與第二種暴力。

個人認為，我們反對政府暴力，也反對多數暴力。

政府暴力是暴政，多數暴力是霸凌。

政府暴力是不民主，多數暴力是另一種形式的不民主。

政府暴力不尊重民意，多數暴力不尊重其他人的意見，包括沉默。

最近在台灣，政府暴力表現在黑箱作業、片面決策，多數暴力表現在不尊重其他公民的路權與生活權。

深刻反省一下：我們的政府真的稱得上專制嗎？我們的警察真的是暴警嗎？去看看極權國家的做法，去看看美國警察的作風，就知道答案了；那我們的學生運動？群眾運動呢？個人認為有多數暴力存在，但說暴民，整體來說也太過份了，去看看當年的法國學生運動是怎麼丟汽油彈的。——我們台灣人，還是很善良的。

政府說黑箱作業通過服貿是為了台灣的未來著想，那是你們政府的說法，做法太粗糙，而且政府有責任要說服老百姓；群眾運動說都快亡國了，守不守法就變得不是那麼重要了，那是你們這一個群眾運動的說法，不代表就是其他人的意見。

有一個說法，現在的台灣沒有徹底民主的勇氣，但也沒有種去造反。

最近觀察身邊朋友的態度，我們中年人會覺得年輕人太浪漫、不理性、只要是造反就有理、看問題不夠細緻；年輕人可能會覺得中年人輕忽問題的嚴重性、太保守、太孬。

也許還有其他形式的對立，不管怎樣，對立是出現了。

那，怎麼化解呢？

我覺得是中肯——中肯的態度與意見，勇於講理的態度與意見。而中肯來自心平氣和，心平氣和來自內在修養的謙虛。

謙德↓心平氣和↓中肯、講理的勇氣與能力。

因此，化解的根源在，謙。

請政府謙虛，請學生領袖謙虛，請群眾領袖謙虛。謙虛其實就是一種聆聽別人不同意見的空間與能力。嘶喊容易，抗議容易，頑固更容易，說話容易；但沉下氣難，靜下心難，無私難，不說話難，聽別人說話，更難。

科幻名著《死者代言人》說：「人很難質疑自己相信的東西。」質疑自己所信需要更浩瀚的謙虛、勇氣與風度。

我記得《易經》64卦中謙卦的卦象是「高山上有平地」（艮下坤上），任何權力的高峰、理想的高峰、言論的高峰、浪漫的高峰的峰頂都只是一片平地啊！面對平地，我們需要激烈、驕傲、堅持、爭執嗎？大概，面對大地的心情，就是一種氣定神閒、天高地闊、無限寬厚的內在寧靜吧！

我提議用中肯、講理化解對立。

我願意用謙虛祝福台灣！

人生的第一種困難，屁股的困難？

困卦：臀困

一口氣討論了好幾個跟行動、實踐有關的易卦，在本文，換個方向，談談人生的困難。

談人生的困難當然要從困卦談起。困卦是《易經》的第47卦。困卦的主題當然就是談「困難、困境」。基本上，困卦六爻，就是討論六種人生的困境，那人生的困境是怎麼樣開始的呢？我們立馬從第一種困難談起：「臀困」。什麼！人生的第一種困難竟然是屁股的困難！這是啥意思？

這個屁股的困難是大有學問的，分析之前，我們先行看看其他的困難是哪些困難？

「九二：困于酒食。」這是講耽於物慾享樂的困難。

「六三：困于石。」被關在監獄中，這是在講失去自由的痛苦與困難。

「九四：困于金車。」這一爻是講面對權力誘惑的困難。

「九五：劓刖，困於赤紱。」這一爻是講面對權力脅迫的困難。

「上六：困于葛藟。」最後一爻是講面對人情壓力及老關係的困難。

好了！回到第一種困難，「臀困」，屁股的困難，到底指什麼意思？

很顯然，臀就是屁股，我們先用刪除法，這裡所講的屁股的困難跟便祕、痔瘡、拉肚子等生理的痛苦都沒關；那麼，人的屁股還有啥作用呢？當然是「坐著」，屁股是用來坐的，而人一旦久坐了就會胡思亂想，愈坐愈煩惱，這時候如果能夠毅然站起來，就會開始行動了。是不是開始對「臀困」的含意有所領悟呢？是的，人在想事情時常常是坐著的，著名的沉思者雕像也是如此，沉思者是坐著沉思的。那麼，「臀困」，屁股的真意，其實就是指**「想像的困難」——困難往往是想像出來的，人生所有困難的第一種困難就是坐在那裡想像事情怎樣困難的困難。愈坐愈想愈困難，就愈缺乏解決問題的行動與勇氣。**諺語不是說「坐而言不如起而行」嗎？這裡應該改為「坐而思不如起而行」。「臀困」的深意就是說真正面對困難的人還是站著，真正解決困難的人會開始動，只懂屁股坐在那裡的人才是真正的困，所以說「坐困」愁城嘛！很傳神罷，《易經》講到生活的痛點了，我們常有的經驗是：等待事情發生前的一段是最困難的一段，困難與恐懼往往是想像出來的，而等到事情開始，真正去面對了，就會感到困難的感覺至少減半了。

說穿了，**困難是「心」的問題。真正困難的根源是內在的，不是外在的。**

困卦初爻的原文是：「初六：臀困于株林，入于幽谷，三歲不覿。」這個想像者坐著發愁，被困在迷霧森林中（臀困于株林），還鑽牛角尖（入于幽谷），很長的一段時間看不到問題的真相（三歲不覿）。愈想愈怕，嚴重啊！

將「臀困」安排在困卦的第一種困難是很有深意的——**人生的所有困難都是從空想、缺乏行動力開始啊！**

那麼，解決問題的方法很簡單，就是：行動！

人生的答案往往不在頭腦或心靈，而在雙手，或雙腳。

面對困難嘛，做，就對了！

慾望的苦穴

需卦：需于郊／需于沙／需于泥／需于血，出自穴／入于穴，有不速之客三人來

上一篇文章談「臀困」，「臀困」是困卦的初爻，接著困卦的二爻就是「困于酒食」，也就是說人生困難的起源在缺乏行動力，跟著要面對的就是慾望的考驗了。在64卦中，有一卦專論慾望的問題，就是需卦。

需卦是《易經》的第5卦，需卦的主題是「物質需要與慾望」。在這一卦裡，談了許多面對慾望的智慧與原則，譬如需卦的卦象是「水在天上」，意思指飽含水分的雲層高踞天上，雲雨未施，點出一個「等待」的意涵。因為一個地球的物質就那麼多，我們面對物質的分配要用敬慎、等待的態度，不要將物質的供應看得那麼順理成章。雲在天上，還沒下雨的深意，就是說慾望的開發要慢慢來，要等待，慾望不要太早開發，否則內在的能力會短路，會影響生命發展的潛力。

需卦的卦性是「健而險（陷）」，就是說如果讓慾望繼續挺進（健），會有危險（險），會落入生的陷阱之中（陷）。所以**面對慾**

望的一個重要原則，就是：不要加強。以免造成滾雪球效應，演變成無法阻擋的災難。

另外卦辭也指出對物質的需要與慾望是非常真實的，它不能迴避，也不能壓抑（因為壓抑之後可能反彈的力道更大，渴求更兇），《易經》處理慾望的態度與宗教的方法不同，許多宗教面對慾望用的是「隔離法」，《易經》卻認為人性的慾望一定要去面對，但必須將慾望的問題拉大來看，不能鑽進去看，要從整體人生的宏觀視角去面對慾望的問題，也就是說慾望是人性的一部分，但不是全部，要承認它的存在，但不必讓它放大與加強，承認而不失控，這樣才能讓人生道路走得真實坦蕩。

所以「不加強」是另一個重要原則，而本文要討論的需卦爻辭，就是描繪慾望一步一步加強所造成的生命悲苦。

需卦初爻是「需于郊，利用恆」。意思是說物質慾望要像與郊外一樣保持適當的距離，慾望的開發要用恆久長期的態度去面對，所以初爻的精神就是順著生命自然的節奏去面對慾望，就不會有問題。也就是年輕人面對慾望，要掌握住「保持距離，長期使用」的原則。

二爻是「需于沙」。需卦的卦象是「行走的難度」，初爻「需于郊」指在郊外漫步，當然開闊自由，代表對慾望的處理恰到好處；到了二爻「需于沙」，慾望就稍稍加強了，像走在沙灘上，有點難走，拔足有點困難。所以二爻是用在沙灘上走路這一個傳神的卦象，描寫慾望稍稍失控，人生開始出現些微的蹣跚與難行。

三爻的「需于泥，致寇至」就更嚴重了。對慾望的需求加強到像在泥路行走，愈陷愈深，到最後寸步難行，兩腿爛泥。在泥路上當然比在沙難上更難走，這個階段已經深深陷進慾望的苦穴了，所以說「致寇至」，因為災難是自己招致的。

四爻的「需于血，出自穴」就是說物質慾望加強到付出生命的代價，流血、出血了。「出自穴」就是說剛掉進去，趕快從自己的陷阱、苦穴爬出來。慾望加強到這個地步，很嚴重了。另外，這一爻的《易傳》倒是提出了很好的解法，它說：「需于血，順以聽也。」要解決需于血的困窘，就要順應生命自然的本性，沉靜的聆聽被層層慾望壁壘封鎖住的心靈痛呼與吶喊。「聽」字用得好！用心靈之耳，由繁而靜，穿透種種慾望的扭曲與迷霧，一下捕捉住生命初始的天真與純淨。

到了最後一爻「入于穴，有不速之客三人來」，那就不只是個人的沉淪，更進一步講到集體的墮落了。速，召也。不速之客就是不召之客。就是說沉淪到慾望的苦穴中，自然會有酒肉朋友主動靠過來（三代表很多），對慾望的需求太過分，掉進陷阱，被糾纏住，就會有人靠過來，而且不只一個，要下水，絕對少不了帶你墮落的朋友。到這步田地，已然被慾望牽著鼻子走，完全將縱慾合理化、集體化了。

需卦透過很生動、傳神的卦象，將生命沉向慾海深處的過程，刻劃得入木三分。舉一個實例：筆者常常愛用一個笑話對一些男學生講需卦——如果今天某一個同班同學拿一支A片給你，你要慎重考慮要不要看生平的第一支A片，因為慾望有著強大的慣性，三個月後，你可能每天都要看A片，五個月後，每天花好多時間看A片，一年後，開始偷窺，三年後，嘗試性騷擾，五年後，犯下第一樁性侵罪刑，十八年後，你光榮登上中華民國連續強暴殺人犯第一名的寶座！根源就只是十八年前的那一支A片啊！判刑入獄後，當年借你片子的老同學來看你，手裡拿著那一部片子的光碟，兩個老同學相對無言，唯有淚千行！

什麼？太誇張了？好！舉一個平實的例子：某天一時偷懶，容許自己不做完當天必須做完的工作，逐漸的，養大了「拖」的習性，一年後，開始做人做事變得不積極，也許七、八年後，就注定了一個放棄理想、放棄目標、放棄成長的軟弱的人生。這就是慾望「加強」的滾雪球效應。很真實罷！

文章最後，想用印度修行師傅奧修一句很厲害的話來提醒：「**要小心不要讓僕人變成主人**。」這句話道盡許多人生的荒謬與顛倒，芸芸眾生，經常迷失、昏睡、軟弱而甘為奴僕，所以人可以是金錢的奴隸，人可以是知識的奴隸，人可以是權力的奴隸，人可以是種種科技產品的奴隸……這些理當都是我們的僕人，卻反而成了我們的主人，支配我們、滲透我們、控制我們，慾望也是這樣。慾望如果是僕人，慾望其實可以成為很好的工具與原動力，但一旦慾望成了主人反過來佔據我們，就會落入需卦所描繪：需于沙→需于泥→需于血的人生苦旅了。

眼淚的力量

同人卦：同人先號咷而後笑

需卦談慾望的苦穴，掉進去，爬出來，需要行動的勇氣，但在鼓起行動的勇氣之前，也許需要眼淚的力量。

哭，有時候是一種心靈的清洗與釋放。

同人卦的九五爻就是講這種神祕的力量。

同人卦是《易經》的第13卦，同人卦的主題是「善與人同」，下一卦大有卦的主題是「大有天下」，這兩卦合起來有一點太平世、大同世界的味道。同人卦在思考要怎樣才能與他人取得契近的共識與共鳴，九五爻則提出「痛哭」可能是必要的經驗：「九五：同人先號咷而後笑。」意思是指真正的同人一定是先哭後笑的，生命與生命的擁抱一定是先嚎啕痛哭而後衷心歡騰的，眼淚，有時候會有助於人與人之間形成共識。從更深一層思考，真正的同人之道是修養自己成大成熟者，成熟到可以包容眾多不同的人，與什麼人都可以相處，但這樣的修身的過程必然是非常艱辛的，必然是先哭後笑的，所以真正的同人指的是一種恢弘的人格能力，要經歷大艱辛的過程去養成。

眼淚的力量是神祕的。哭泣使人軟弱，也會使人更堅強。也許，流淚是不同滋味的堅強。

擁有生命成長經驗的人是幸福的，但生命成長的過程必然是辛苦的，**修身之旅中流下的眼淚會匯聚成一條小河，在小河之上徜徉，終於會引領我們相遇千萬有情的心靈。**

如何處理媽媽與爸爸留下的包袱

蠱卦：幹母之蠱，不可貞／幹父之蠱，用譽

有時候有些困難是上代留下來的，如何處理父祖輩留下的包袱，需要更精細的面對。《易經》的蠱卦就談到如何處理父、母親問題的不同態度。

蠱卦是《易經》的第18卦，蠱卦的主題是「整理傳統的負面包袱」，也就是所謂「安上」的問題。

蠱字的小篆是，原意是指盤子（皿）上的肉，本來新鮮，但久而不吃，不動它，就腐敗了，三隻蛆（三代表多數）就慢慢的長出來。深層的意義是說傳統的制度、思想、文化在創立之初都是充滿生命力，活潑潑的，問題是人間沒有萬世不易的良法，傳統如果不能因時、地制宜，不能擁抱時代的變化，傳統就會變成後代的負擔。良法成了封建。**個人不擁抱變化往往由於怯懦或偷懶，傳統不擁抱變化容易變成吃人禮教**。父、母親的生命問題也是如此。

一般來說，從生命教育的角度，父親與母親的「功能」與「意義」是不一樣的，如果先行排除個案的複雜性與多元性，父親與母親

的生命教育可以二分如下：

＊父親教我們的功課是「理性」的，父親引領我們學習「社會規範」的生命教育；相反的，一個父愛缺席的孩子可能變成反社會、不尊重規範、沒規矩、離經叛道。一個好的父親是一個典範，讓我們變成一個正直的人；所以與父親的相處是比較「理性」的。

＊母親教我們的功課是「感性」的，母親引領我們學習「愛」的生命教育；相反的，一個缺乏母愛的孩子長大後的兩性關係可能會變得困難、不信任愛與人性、可能會變得無法付出或接受愛。一個好的母親則可能是世界上唯一一個沒有任何條件就擁抱我們的人，讓我們變成一個善良的人；所以與母親的相處基本上是「感性」的。

＊也就是說，父道是理性生命系統，屬於社會的脈絡；母道是感性生命系統，屬於家庭的脈絡。

但父、母親畢竟都是人，是人就會有人性的軟弱，是人就會犯錯。那，一旦父、母親留下了情感、品德、甚至債務的包袱給我們，怎麼辦？蠱卦的原則是分開處理。

二爻說「幹母之蠱，不可貞。」五爻說「幹父之蠱，用譽。」

幹的原意是樹幹，樹幹可以負重，引申義就是「承擔」。二爻的意思就是承擔媽媽的缺點或汙點，面對媽媽的毛病，不可以頂撞或用正。母愛是柔軟、脆弱的，不可以在外頭學了點東西，就回家教訓父母（尤其媽媽），這是不可以的，這是「傷恩」。

那面對爸爸的毛病或留下來的問題呢？五爻說承擔爸爸的問題，就用自己的名譽或美名去洗刷上代的汙點啊！累德成譽，用自己的德承擔父親留下的陰暗，品德是靈魂的清潔劑啊！舉一個通俗小說的例子，金庸名著《神鵰俠侶》裡的主角楊過，就是用他神鵰大俠的俠名洗刷漢奸父親楊康的人格污點。

當一個有出息的孩子罷，生命成長的過程固然艱辛，但成熟的人格與德行是對父親最大的安慰。

那面對母親的錯誤或軟弱呢？只要記住一個生命的祕密，就是：擁抱媽媽。**擁抱，生命最神奇的動作。**

如何面對快樂

豫卦：鳴豫凶／不終日

上一篇文章談爸爸媽媽留下來的困難，本文卻談另一種困難：快樂。**有時候，快樂是一種更深層的困難，因為，面對快樂，我們會留戀甚至執著**。

64卦中，專論快樂的一卦，就是豫卦。豫卦是《易經》的第16卦，豫卦的主題就是「快樂／愉快」的深度思考。

首先要從卦辭說起，豫掛的卦辭是很「大」的，它說：「豫，利建侯行師。」意思是說：在悅樂能量的基礎上，可以建立侯國，動用軍隊。**真正生命深層快樂一旦湧現，才能有大動作啊！快樂的力量是如此波瀾壯闊！**豫卦坤下震上，在八卦的卦象裡，坤卦地，震卦雷，所以豫卦的卦象合起來就是雷出地奮——**真而大的悅樂是生命力量的崩發與解放，就像天雷響鳴，大地奮動！快樂的力量是如此浩瀚啊！**不錯！快樂經驗是很重大的啟動、鼓舞、目標與驗證事情有否做對的標準，卦辭正面的強調是很重要的。但豫卦討論下去，就碰到快樂的，陰影了。

首先是《易傳》中的雜卦傳說得很清楚：「豫，殆也。」殆有鬆懈的意思，也有危險的意思，深意就是：生命喜悅的湧現會讓人生進入順境，順久了人會懈怠，懈怠久了危險的暗流就蠢動了。

初爻就提出警告了：「鳴豫，凶。」鳴豫就是炫耀自己的快樂。這其實是一個危險的動作，如果不小心對不快樂者分享快樂的經驗，不快樂者聽在耳裡，會覺得對方的話是一種刺痛與羞辱，所謂言者無意，聽者有心，人性裡有看不得別人好的陰暗面，所以從輕來說，用自己的快樂印證他人的不快樂，這是不仁的行為；從重來說，炫耀快樂可能會引起不可測的凶險與災難啊！反過來說，內心的喜悅不能拿來炫耀，所以豫卦初爻警告的是**自鳴得意的危機**。

到了二爻講的「不終日」是一個面對快樂經驗更重要的智慧與原則了。「不終日」就是不將快樂的情緒延長到一天的結束。一天結束了，快樂也該跟著結束了。這是一種心靈的能力與修養啊！深意就是：快樂來時，充分享受，事過境遷，活在當下，即毅然拋卻，不要執著快樂啊！人心清明，不陷溺，過而不留，船過水無痕，這是真正自由的心靈境界啊！原**來快樂與所有情緒一樣都是一個「機」，對每一個「機」敏捷的擁抱與放下，就可以看出一個成熟者澄澈靈動的心靈能力與功夫**。**不終日，這是一樁不讓人成為快樂奴隸的真功夫**。其實更貼近真實來講，不只要做到不終日，有時甚至要實踐不終時、不終分哩。

「不終日」的智慧其實隱藏了一個更深刻的思考：**快樂經驗不是最終極的尋求**。回教智慧語錄《蘇菲之路》裡有題目「真如之地」一節，說得很透徹：

「但快樂不就是人的理想嗎？」那人問。

「人的目標是真如，真如超乎快樂。真如的人，可以希望有何種心境就有何種心境，也可以任何心境全無，」他們說：「我們裝做快樂即真如，真如即快樂，而別人也相信，就像你一樣，到現在為止，都以為快樂和真如是同一回事。但快樂卻像悲哀一樣，使你成為它的牢囚。」

真如可以理解為真理的意思。這一段蘇菲，如果用更簡單的白話文去掌握，就是提出了兩種人生觀：快樂的人生觀與真理的人生觀。

快樂的人生觀就是——得到快樂，快樂；失去快樂，不快樂。
在快樂的人生觀裡，快樂是主人。

真理的人生觀就是——得到快樂，快樂；失去快樂，還是快樂。
在真理的人生觀裡，心是主人。

事實上，快樂這東西有著一種神奇的敏感性——當我們愈想抓住它，它會愈遠離我們；相反的如果我們忘記它，它就會姍姍而至。而且，當我們抓得它愈緊，它愈會變質成束縛與痛苦；但一旦我們學會放手，它就是一潭讓我們隨意享用的清泉，我們可以隨心所欲的決定喝它，或不喝它。

所以真理的人生觀就是自由的人生觀。

自由超越快樂。

或者說，自由是更真實、更深刻的快樂。

造反的智慧與純真

夬卦：揚於王庭／不利即戎／利有攸往
初九　壯于前趾
九二　惕號莫夜，有戎勿恤
九三　獨行遇雨
九四　臀无膚，其行次且，牽羊悔亡，聞言不信
九五　莧陸夬夬，中行无咎
上六　无號，終有凶

本書第二輯「易卦篇」從心靈、品格、生命成長、行動智慧、面對人生挑戰等等問題談到這一篇文章〈造反的智慧與純真〉，頗有從內聖（自助／自愛）談到外王（助人／他愛）的生命理序的況味。64卦中，夬卦是《易經》的第43卦，夬卦的主題是「決裂」的智慧。

事實上，夬卦根本就是一篇談革命、造反、與惡勢力對決的心得紀錄。筆者在寫這文章時，剛好碰到二〇一四年台北佔領立法院事件的三一八學運（太陽花運動），在整理資料的過程中，驚訝的發現幾

千年的《易經》與幾千年後的學潮竟然有許多的地方吻合得絲絲入扣！可見《易經》驚人的適用性與生命力。

決陰、決裂、造反的智慧

首先是主題。夬卦的主題《易傳》說得很清楚。序卦傳說：「夬者，決也。」雜卦傳說：「夬，決也。剛決柔也。君子道長，小人道消也。」所以「夬」就是洪水決堤的力量，這個卦講的就是正義力量與闇黑力量對決的一個卦。夬卦的卦體就是五個陽爻對決一個陰爻，也就是講一群君子與竊據最高位的小人決裂的態勢，正道反對的勢力累積了足夠的能量，要一鼓作氣將竊據最高位的小人「決」掉。落在時事上，在紅衫軍時代，這個最上位的陰爻指的就是阿扁總統囉；而在近日的太陽花學運，這個最上位的陰爻指的就是馬英九總統。兩個總統，一綠一藍，原因不同，但同樣成了萬夫所指，台灣民主的發展，著實令人感慨。個人認為，比起紅衫軍運動，太陽花學運相對的複雜，也更契合夬卦所談的革命實錄。

當然，談**革命**、**造反，出發要正大，手段要靈巧；出發點不純正的革命就脫離不了權力鬥爭的迷思，決策錯誤與做法魯莽的行動卻容易造成更大的災難**。革命、造反事實上是將腦袋掛在腰間的事，不是小孩子玩家家酒。領袖們要鐵肩挑起後果與責任，不是革命完了回家吃飯就沒事了。

基本原則——揚於王廷、不利即戎、利有攸往

夬卦卦辭揭示革命、造反的第一個大招數是「**揚於王廷**」。這是什麼意思呢？王鎮華老師說得好：「這是教人除陰的方法當如洪水決堤，不要用危險的公文告發，也不要用落人把柄的軍事行動，要在都邑的王廷，一次當眾如告天、告廟般隆重揭發出來。因為這不是為了毀滅別人，而是為了『決而和』。」（見王著《黃河性情長江行》）「**揚於王廷**」的高明就是在公開場域、權力中心（王庭）揭發惡勢力，利用群眾的力量壓制，讓當權者不敢耍陰或亂來，因為當權者為免落下秋後算帳的污名，反而要保護公開批評他的人。所以私下談、發e-mail、講電話等等都不是好方法，公事公決，輿論常常是最好的保護。套句武俠小說的行話：最危險的地方往往就是最安全的地方。

卦辭講的第二個原則是「**不利即戎**」，意思就更清楚了，《易經》不鼓勵武力，在革命行動中最好不要使用暴力的手段（即戎）。這跟民主時代示威遊行的非暴力理念不謀而合。在三一八學運中，最初期的佔領國會事件以及三三〇的五十萬人反服貿遊行（主辦單位自己估計的參與人數）之所以備受肯定，正是因為它的和平、非暴力與溫柔；但攻佔行政院事件卻普遍

得不到支持與同情，也正因為它沾染了暴力與攻擊的色彩。看來**非暴力原則確是民主抗爭的核心價值**。哪怕從兵法的角度來說，攻佔行政院事件也是一個錯誤的行動，在圍棋中叫「昏著」——一方面分散了實力，也讓學運的聲勢從輿論一面倒的支持到稍稍向天秤的另一端傾斜，而且也讓政府有了動用警力的口實，結果是政府與學運兩敗俱傷。

卦辭的最後一個原則對民主革命來說可能是最重要的——「**利有攸往**」。攸是所的意思，利有攸往就是利有所往，就是說**革命與抗爭要有自覺要去的方向、目標與理想啊！革命不能盲目啊！**從這個角度看去，就可以看出三一八學運的複雜性。我們從幾個著名的革命運動看起。滿清末年，國父孫中山發動的革命是為了推翻清政府的腐敗辱國；一九九〇年的野百合學運是為了反抗不合理的舊國會制度；差不多時間，發生在一九八九年的六四天安門事件則是大陸學生要向專制政府爭取民主自由；而二〇〇六年的百萬紅衫軍靜坐遊行是為了抗議陳水扁政權的貪腐。上面舉的四個例子——反腐敗政權、反不合理制度、爭自由民主、反貪腐，都是義正詞嚴，目標正大的革命行動，那，三一八學運呢？筆者個人認為，三一八學運最宏大的目標是抨擊馬英九政府的黑箱作業，讓牽涉重大的服貿條款不能在國人的審視下充分討論，這種重大的施政疏失不管是有心還是無意都嚴重違背了民主國家公開透明的精神，在這一點上，真是多虧了學生們勇敢地指出政府的錯誤與蠻橫。但，反黑箱，不應該等於反服貿吧？從學運爆發以來，筆者閱讀、思考服貿條款資料的結論：這是一個專業性、複雜性很高的議題，對每個行業的影響也不可以等量齊觀，所以兩造坐下來逐條討論與審視理當是最佳的退場機制，但觀察學運發展的過程，卻曾經有上綱到馬下台與全退服貿的態勢，這就不得不讓人疑慮有著政黨操作，至少是政黨傾向（譬如反中、反馬、反國民黨）的痕跡在裡面？雖然三三〇的遊行靜坐展示了台灣人民厭煩馬政府拙劣施政的龐大能量，但如果筆者的擔心是真的，這裡面真有意識形態或政黨利益的幽魂在其中作祟，輕輕撥動將反黑箱＝反服貿，而且刻意的延長戰線，堅持不展開有實質內容的對談，主戰略目標是為了擊潰至少破壞馬政府統治的正當性，這就是人民利益放兩旁，政黨利益（至少是意識形態）擺中間的做法了；果真如此，最悲哀也最卑劣的情形發生了：一、絕大部分學生浪漫與純真的情懷被利用了——我們自以為在做一件正確的事，其實事情背後有著更深沉的計算。二、真正攸關國家利益的服貿條例不管是合理或不合理的部分都得不到討論了。所以「**利有攸往**」決定一個社會運動到底是一個鬥爭工具？還是一個真正的革命？基本上，筆者的定位，發生在二〇一四年三、四月間的太陽花學運是一個複雜的事件。

珍惜第一仗，首勝是很重要的——壯于前趾

卦辭談革命的原則與精神，爻辭則傾向討論行動的經驗與實況。

爻辭初九說：「壯于前趾，往不勝為咎。」「趾」就是腳的大拇指，夬卦的初爻就是**大**

腳趾的強壯。意思就是說前行的力量必須壯大（壯于前趾），但第一次行動如果不勝（往不勝），就不太妙了（咎）。也就是說，**革命行動要珍惜第一仗啊！**夬卦初爻鼓勵前進，如果該贏的第一仗輸了，影響士氣就大了。首勝是很重要的。

太陽花學運的例子，就是三一八突襲闖進立法院啊！這是漂亮的第一仗，也可能是最漂亮的一仗。

革命過程，提防小動作——惕號莫夜，有戎勿恤

第一次行動取得成果，接下來就要提防陰的勢力玩小動作。

爻辭九二：「惕號莫夜，有戎勿恤。」翻譯成白話，就是：要發出警剔的號令（惕號），一直到深夜（莫夜，莫就是暮）都不敢鬆懈，只要有所防範（有戎）就不用擔心了（勿恤）。所以這一爻是說在革命的過程裡，得提防別人孬種、玩陰。夬卦談造反之道，是充滿戒慎憂患的一卦，所以爻辭都講得比較嚴重，對抗惡勢力不是開玩笑的。

在太陽花學運裡，不管是政府或學運雙方，都是玩陰的小動作不斷。舉行政院衝突的事件為例，筆者覺得兩造都有在閃躲（已過）與灌水（人非）：政府宣稱是行使公權力鎮暴，但事後確實發現有員警過當使用警力，被拍到駭人見聞的打頭畫面。至於學運份子則大肆抨擊暴警

打老百姓，同樣的也在事後看到暴民圍毆警察的鏡頭，而且也確有員警值勤過重病危，甚至發現衝進行政院的被逮人犯中，學生只佔小半，大部分是非學生成員，裡頭甚至有通緝犯參與！但學生對外國媒體的文宣中卻不會說這一部分的，只強調警察打人。平心而論，有哪一個國家的行政中心被攻佔，而執政者會坐視不理的，如果成了惡例，日後不管藍還是綠的總統上台，權力中樞都有被攻擊的危險，這是不可以的。

《易經》清楚明白的告訴我們：革命道上，一定要提防敵人不光明磊落的小動作。但我們是不是可以反過來**要求我們的政府與學生做到不閃躲不灌水的品格與高度——正視己過，勇於負責，在批判別人之前先勇於反省自己，不搞文宣攻擊的小動作，這才真正政治家與革命家的氣魄**。筆者認為，這一套如果放在體制外的造反行動來要求，是迂腐了；但落在民主國家的公民運動上，這正是我們用來檢視執政與運動兩造是不是可以被信賴的標準。**不玩小動作的政府是比較大氣的，不玩小動作的運動是比較純真的**。

一個真正革命者的孤獨與氣質——獨行遇雨

夬卦的九三爻比較是在描寫一個革命者孤獨的「實況」。

原文是：「壯于頄，有凶。君子夬夬，獨行遇雨，若濡有慍，无咎。」翻譯成白話，意思就是：不平的盛氣寫在臉上（壯于頄），會有凶險（有凶）。一個君子決定去除惡勢力（君子夬夬），要有獨行險路的勇氣（獨行），而且一定會遇到風雨挫折（遇雨），既然決定下水，就不要怕被弄濕（若濡），過程中難免會有情緒（有慍），這都是沒有關係的（无咎）。

《易經》告訴革命者：行動要放在心裡，不要寫在臉上，以免被敵方覺察。當然現在的公民運動也許沒那麼凶險，但革命領袖要懂得謙虛，理直氣和，做人低調，在媒體面前總是能贏得更多的同情的，三一八學運裡的學生領袖也知道搞個人崇拜絕對會妨礙運動的推展。《易經》也勉勵革命領袖們要有千山我獨行、心事誰人知的心理準備，開始發動，不要商量，做就對了，要有不要吭氣的擔當，革命道上的風風雨雨，都是小意思。

革命的道路，必然是孤獨的；革命者的氣質，必然是沉著、勇敢而直接的。台灣學運的學生領袖們，共勉！

革命道路的凶險——臀无膚，其行次且，牽羊悔亡，聞言不信

九三爻描寫一個革命者的孤獨，九四爻則在講革命道路的凶險。

原文是：「臀无膚，其行次且，牽羊悔亡，聞言不信。」翻譯成白話，意思是：屁股沒有肉（臀无膚），走起路來很困難（其行次且），革命道上最珍貴的陽剛生命力被牽走了（牽

羊，指純真浪漫的革命初衷嗎？）卻不懂得後悔（悔亡），連同夥之間講的話也變得疑懼不信（聞言不信）。所以這一爻是講**革命道路上會發生難行、折損、失去方向、而且敵友難辨的波折**。革命道路的重重凶險，在這一爻全數表現出來了。

學運的領袖們，讀到這一爻，應該很有感受罷。

革命的目標在除惡——莧陸夬夬，中行无咎

夬卦的九五爻提到革命的目標在惡勢力的拔除。

原文是：「莧陸夬夬，中行无咎。」莧是馬齒莧之類的叢生植物，特點是一群一群的生長。陸是土塊。意思就是革命到了最後對決的階段，要下定決心將惡勢力連根帶土一起挖掉，不要手軟（莧陸夬夬），只要是依著純正的心去做（中行），就不會太過份的問題（无咎）。

革命的終極目標在除惡啊！藉中道根除惡勢力。但在民主時代，這個「惡」與其說是個人，還不如指不合理的制度更恰當。對三一八學運而言，就是行政權過度氾濫的黑箱作業罷。所以公民運動的目標要設定清楚，才是方向純正的真革命。

正大的號召始終是最重要的——无號，終有凶

最後到了上六，這是夬卦唯一的一個陰爻，傳統註家的解釋就是代表竊居高位的首惡。這一爻的原文是「无號，終有凶。」有兩層意義：

一、在朝的領袖聽不到人民的呼號痛苦（无號），當然會出現凶險的災難。

二、革命的領袖最後發不出正大的號令（无號），革命的方向逐漸變質，老百姓開始不聽你的，當然也會有災難發生。

第一層解釋是對馬政府的警告，第二層解釋是學運領袖們的殷鑑啊！

看來，**純正的方向、目標與理想始終是最、最重要的革命之魂！**

寫完這篇文章時，三一八學運還沒結束，但民間意見分裂、對立的例子已然紛紛出籠，這是不是正是缺乏正大的共識與號召所造成的——无號，終有凶？欠缺正大的共識與號召，另一個充滿危險性的東西起來取而代之了，就是：固執。**固執比自私更危險，在自私之中，人的良知至少知道自己謀的其實是政黨或個人利益，但固執讓人更盲目，固執讓我們侷限在自己的觀點，固執讓人很難去質疑自己相信的東西。**

後記

在筆者整理生活易經的短文的日子裡，發生了二〇一四年三月十八日的太陽花學運。於是整合古典與時事，就寫下了這篇文章——70％的易經根柢與30％的評論時局。

在《易經》的部分，筆者個人認為64卦中，談造反、革命或公民運動談得最完整深刻的一卦，就是夬卦。哪怕從夬卦的內容去談三一八學運，也可以談得很準確而富有彈性，可見《易經》古老而剛健的生命力。

在學運的部分，筆者的基本看法是反黑箱不應該＝反服貿。學生勇敢的站出來戳破馬政府包裹表決做法的粗糙失當，我們當然要感謝；但另方面，包裹表決與包裹退回都不是理性的做法，面對服貿條例我們理當更審慎的坐下來逐條討論。基本上，筆者認為三一八學運是一個駁雜的學運。大部分同學浪漫、純真的革命情懷後面其實有著大人世界更複雜、權謀的計算。太陽花學運其實有些地方並不那麼太陽花。

也許從現實的角度看，這是一篇兩面不討好的文章，筆者並沒有確定站在哪一邊的立場——既沒有附和為政者的觀點，也沒有討好年輕人的浪漫風潮。我只是想站穩一個學術工作者的腳跟，從一個比較易經的、學術的、深刻的視野去面對台灣當前這一場重要但複雜的民主學習。事實上人生的許多問題都不是三、五句話就能夠論述得清楚的，靠邊站或者是政治的、簡化的做法，但真正學術的靈魂必然是深刻的。儘管有時候深刻的代價是付出確切性，有時候深刻的代價甚至是沒有提出答案，至少是沒有提出草率二分的答案。

二〇一四年四月六日

附錄——在e-mail跟一個學生交換對三一八學運的意見

老師您好：

我來跟您報告一下我今天去完的心得，我覺得我有義務與您分享。

說實在話一開始我對反服貿，抱持著又是綠營來作怪的態度（老師抱歉我原本是深藍的，所以有加上一點政治色彩因素），直到事件發展成佔領立法院為止，才開始重視此事，但我並沒有馬上去立法院，因為我不想連事情都不了解就隨隨便便去立法院，我希望我找到一個強力的理由來支持我去現場，但是這幾天下來，不管是網路、電視台也好，常常出現兩極化的評論，甚至出現政治色彩的議題。例如：懷疑領導者出身為深綠，是否又是政治操控等等……直到攻進行政院，連電視台以及網路評論更加明顯的出現政治立場，這樣的資訊反而加強我要去現場的理由，到底是綠營控制學生？還是學生的意氣用事？所以今天才與老師您請假，找出我該相信的事實，現在我去過現場，感受過氣氛，我確信三一八反服貿是對的事，但只限於立法院的學生，因為我從他們臉上看到，在其他大學生的臉上看不到的東西，那就是決心，這次體驗我感受良多，原來年輕人能做的事很多。

老師這次我寫的很長，或許也有點不成熟，但這是我對這次的運動的看法，讓老師見笑了。

阿瑋你好：

要小心浪漫的革命情懷是一件雙面刃，它很動人，也可能是危險的謊言。

個人覺得：學生、學運基本上是可愛的，但無限上綱（譬如馬下台及包裹退回服貿）就讓人懷疑了。

今天連彭淮南都出面支持了，十三所大學的經濟系主任贊成服貿的比例是十二比一。反對包裹表決，但不是反服貿。

支持學運，但反對利用大部分學生的純真。

面對面、逐條的討論是最好的退場機制罷。

治亂盛衰的深層思考

泰卦：小往大來
拔茅茹、以其彙
包荒
無平不陂，無往不復，
艱貞無咎，勿恤其孚
城復于隍

否卦：大往小來
拔茅茹、以其彙
包承／包羞
繫於苞桑

談完夬卦的造反、革命、社會運動的智慧，接著從泰、否二卦談更宏觀、更外王的《易經》觀看與洞見。

64卦中，泰、否兩卦是《易經》的第11、12卦，卦的主題是「通／開放／通達的時代」與「不通／閉塞／不通的時代」。

前言——治亂盛衰的迷思？

泰、否二卦傾向討論整個時代的格局。泰卦講的是一個開放、通達的時代，否卦講的是一個閉塞、不通的時代。那我們的時代究竟算是開放、通達？還是閉塞、不通？是治世、盛世？還是亂世、衰世？關於治亂盛衰的迷思，曾經與學生有過討論，基本上，正反意見都有，也都有一定的論據。也許，《易經》的泰、否二卦能夠提出不同的洞見與看法。

另外，泰、否二卦分別是「十二月消息卦」中的一月卦與七月卦。農曆一月，充滿春天的氣息，所以泰卦的基調是諧和的氛圍。農曆七月卻是民俗的鬼月，源頭可能就是否卦的內涵；大概因為七月之間寒暑交替、冷熱不調，人容易生病，演變下來就成了鬼月，也反映出否卦的基調有偏鋒的意味。

兩個局面、性質相反的時代

從主題可以清楚看出，泰、否兩卦描述的是兩種相反的時代狀態，《雜卦傳》說得好：「**泰否，反其類也。**」從卦體、卦象、卦性、卦辭、初爻、以致整個卦的發展方向來看，都可以看到兩卦相反的狀態。

首先，從卦本身看，泰卦乾下坤上與否卦坤下乾上剛好是乾坤顛倒，衍生出來的卦象，分別是泰卦與否卦的「**天地相交**」與「**天地不交**」，意思指理想與現實、理論與實踐、上代與下代、政府與人民、老闆與員工、父母與子女、丈夫與妻子、老師與學生等等關係的溝通良好與意見相左。可見「**通**」或「**不通**」是決定整個環境治亂盛衰的重要關鍵。也像《彖傳》所說的「**上下不交而天下無邦**」——政府人民互不信任、意見不通，一個國家就危險了。

其次，從卦性分析，泰卦的乾下坤上與否卦的坤下乾上整理出來的卦性分別是「**內健外順**」與「**內順外健**」。這兩卦的卦性比較是在談人的品質。泰卦的「**內健外順**」是說一個成長者對自我內在的要求很剛健，有過一段嚴格訓練自己的歲月，那他外在的人生道路就會愈走愈順。相反的，否卦的「**內順外健**」是說如果一個人對自己太好、太順，那他外在的人生道路就會愈走愈需要剛健的訓練，苦日子等在後頭哩！其實，貫串兩個卦的正是「**內健」的精神**，一**種內在要求的生命態度**。

進入經文，從卦辭的內容，也可以清楚看到刻意相反的文字安排。泰卦的卦辭是「**小往大來**」，否卦的卦辭則是「**否之匪人，不利君子貞，大往小來。**」「**小往大來**」是說付出很小，但收穫豐盛。這當然是治世、盛世的光景了。在通達、尊重人性的環境，個人的努力往往受到整個社會制度的保障。但老實說，我們這代人欠缺的正是這種「**小往大來**」的經驗，我們熟悉的反而是否卦的「**大往小來**」——付出很多（大往），但不見成效、收穫貧乏（小來）。我們不是擁有很多這種亂世經驗嗎？譬如一個老師認真教學，卻發覺學生愈來愈不好教，學習風氣日見淺薄。刻苦做學術、文化的工作也一樣，愈是宏觀的心靈建設，愈是得不到功利社會的認同與挹注。又像一個人努力求學，攻到碩士、博士，但工作超難找，君不見目前全台灣約有三至四千的流浪博士。大到像一個國家的局面也一樣，一個好政府誠懇做事，發展經濟，但抵不過一次全球生態反撲的嚴峻天災，數年努力付諸流水。這些不都是**「大往小來」**的例子嗎？《易經》提出了「往來」的標準，用來評論一個時代的治亂盛衰，那麼對前文所提出的問題：我們這個時代究竟是治世還是亂世？是不是已經有了比較明確的答案。另外，否卦卦辭還有「否之匪人，不利君子貞」的經文，意思是說：否指向一個非人性的時代，不利於一個君子過分執著正道。《易經》提出了警告：**在不好的時代，過度膨脹的正義感常常就是災難的源頭。低調，有時不只是一種姿態，更是一種睿智的判斷。**《象傳》補充的**「儉德辟難」**，也是這個意思。儉德，意思指收斂生命力；也就是說在充滿危難的時代，樸素、儉約是最明智的人生態度與生存策略。

甚至到了初爻的爻辭，同樣可以看出這兩卦是《易經》計畫性寫作的痕跡——幾乎相同的文字卻表達相反的義涵。泰卦的初九：「拔茅茹，以其彙，征吉。」否卦的初六：「拔茅茹，以其彙，貞吉，亨。」文字幾乎完全相同，都是「拔茅茹，以其彙」。茅茹指叢生的草，彙是一類一類、同類聚集的意思。所以整句話的翻譯是：拔叢生的草，一束一束的拔。但相同的文字，卻比喻相反的局勢。泰卦指小人一批一批被排除的時代，否卦指君子一批一批被逼退的世道。也就是俗稱「親賢臣遠小人」與「親小人遠賢臣」的差別。有關小人囂張君子退場的局面，歷史上的例子多不勝數，以至於當代許多政黨的問題也一樣，並不是沒有人才，而是人才慢慢的離心離德、遠離核心，造成推出來選舉的都是問題人物，於是連累到黨德敗壞、核心價值沉淪，甚至進一步破壞了民間本來醇厚的風氣。所以這兩卦的初爻告訴我們：啟用「人才」還是喜用「奴才」，是一個時代或一個群體成敗的首發條件。此外，初爻的評語也很有意思，泰世屏除了一批一批的小人，所以可以「征吉」——出發做大事是吉的。但否世卻逼退了一批一批的君子，所以只能「貞吉」——守正就好，但《易經》還是接著鼓勵人守正的路最後還是會亨通的。

所以談到這裡，可以清楚看出《易經》指出治世與亂世的關鍵差異在——能否良好溝「通」或整合共識是第一個關鍵，能否嚴格的自我訓練而不輕易的放過自己是第二個關鍵，付出的努力能否有合理或豐盛的收穫是第三個關鍵，小人退場還是君子被KO是第四個關鍵。對治亂盛衰的分析，《易經》可謂提出了鞭辟入裡的見解。

「三包」智慧——包荒、包承與包羞

泰、否兩卦有三個智慧的包子，接下來我們來談談「三包」的智慧。

第一包：泰卦的包荒。

泰卦九二爻的「**包荒**」，意思指懷抱荒野的精神。荒有兩層含義：（1）遠大、宏觀；

（2）荒穢、雜亂、沒邊界。整合來說，就是一種宏觀、開放、鼓勵多元、包容卑下的荒野精神與盛世氣度。這一爻經文同時提到「不遐遺」，正好與包荒的精神相呼應。遐是遠的意思，遺就是遺漏。**「不遐遺」就是要提醒人們不要因為身邊的現實，而忘卻生命中更遠大的東西。**

第二包：否卦的包承。

否卦六二爻的經文：**「包承，小人吉，大人否，亨。」**意思是說包容、承受亂世的苦痛；但同樣是包容承受，小人是媚俗、放棄自我而路通，大人卻是包容、堅持原則而不達；但這種堅持反而是生命真正的通路。王鎮華老師說：「尸位固寵，素位固窮。」小人大人，在亂世當然有不同的遭遇啊！用更淺近的話來講，就是：**在不好的時代發，是沒品；在好的時代不發，是沒用。**

第三包：否卦的包羞。

「包羞」就是包容羞辱。亂世嘛！種種抹黑、說謊、諂媚、虛偽、收紅包、走後門、搞黑錢、佔山頭等等狗屁倒灶的事情自然少不了，更過分的，在亂世，愈正直的人，有時候愈會惹火上身。所以「包羞」有兩個解法：（1）包容時代的羞辱。（2）包容時代給予自己的羞辱。在否的時代受辱是正常的。回教經典《蘇菲之路》曾說：**「除非你遭到上千上萬自命誠實的人指證你為異端，你就尚未到達真理階前。」**記得自己也曾經寫下這樣一句生命心得：**「偉大的創造與領悟，源自偉大的心靈；偉大的心靈，源自偉大的折磨。」苦難是成長的必修學**

分，委屈可以產生很大的力量。在否的時代尤其如此。

深刻洞透的座右銘——無平不陂，無往不復，艱貞無咎，勿恤其孚

整個泰卦的發展有點由盛轉衰的味道，所以九三爻是盛衰之間的轉戾點，很喜歡這一爻爻辭的深邃洞透。也許，寫作《易經》的先哲們，在沉思盛衰治亂的問題時，發現了人生更深層的內在規律：

無平不陂　再平坦的人生路也必有顛簸、崎嶇。

無往不復　任何的努力都必然會「復」。

艱貞無咎　往（付出）來（報酬）是短暫的，頂多一世，但真正的恢「復」卻是恆常的，但必須對他有信心。不論處何時代，用艱難、守正的態度（憂患感），就不會有狀況。

勿恤其孚　不用擔心它的準確性。

——從人生說，一定有波折；從終極說，絕對會恢復。這是人生「先艱難而後心悅」的透徹本質。

一條歷史鐵律——盛而後衰，亂極必治

泰否二卦體現了這樣一條歷史鐵律——盛而後衰，亂極必治。

泰卦由盛轉衰，否卦由衰轉盛，《易經》彷彿要告訴我們：盛世不足恃，衰世不足懼。前者是警告，後者是鼓勵，因為不管盛衰，終有結束的一天。一切人世間的榮光與災難，轉眼都要成為過眼雲煙。《蘇菲之路》曾經說過這樣一個故事：一個國王動用了全國的智士學者，他要大夥為他想出一句刻在指環上的銘文，讓國王看到時，能夠在歡樂中看到沉靜，在悲傷中看到希望。群賢討論良久，最後告訴國王，他需要的銘文是——

「這，也將過去」

是的！人間的所有事情都必然會不停歇的消逝，這是生命的基本規律，也同時是面對盛衰順逆的智慧法門。

基本上，泰卦是吉卦，前三爻都是吉爻，但到了後三爻，由吉轉凶，就一再出現不妙的文字。尤其到了上爻的**「城復于隍」**（城牆崩塌在護城壕），就點出了人們面對好日子行將結

束，倉皇之際強作妄為，以致造成戰火兵災的味道就更明顯了。

否卦剛好相反，否卦當然是凶卦，但後三爻由凶轉吉，反而讓大有為的時代終於登場，出現了寂寞已久的英雄們磨拳擦掌的氣象。九四爻的內容是亂世行將劃下休止符，陽剛之氣湧現，英雄豪傑一個一個的出現。九五爻更正式宣布否世的終止以及否的勢力敗亡的原因：「**休否，大人吉。其亡其亡，繫於苞桑。**」經文清楚指出否的勢力敗亡的原因是「**繫於苞桑**」。苞桑是什麼東西呢？清初大儒王船山說苞是植物叢生的狀態，而桑是一種根部入土很深的植物，所以合起來的意思，苞桑指叢生的桑樹，根部深深的紮入大地之中。另一說桑樹是一種峭壁喬木，更清楚的說明了這種深根強本的生命狀態。因為如果抓地力不夠強大，如何能夠在峭壁這種險峻的環境生存。總之否卦九五爻的真正涵義是：**一個時代、一個國家、一個政府或一股勢力會否敗亡，關鍵在根是否紮得夠深；無根的存在，是經不起大時代更張的考驗的**。君不見前朝總統家族貪污腐敗，雖然一時權勢熏天，但終於不能全身而退、強渡關山，以致身陷囹圄、家庭破碎；剛好說明了迷信權力的不智，因為權力正好就是無根的存在。又不見許多政權只懂一味發展政經、科技、製造業，而枉顧政體、教育、人文素養、基礎科學等百年大計，一個國家的發展缺乏根源的考慮，國力一時的騰昇總會遇到無法跨越的瓶頸。泰否二卦，最後一個擲給我們的智慧，正是：埋頭苦學、深耕深根，是任何群體甚至個人是否擁有頑強生命力，的底層要素。

泰否二卦，既縱論時代治亂的深層原因，也微觀個人身處大時代的行動智慧。下面所列，是我對這兩卦最鍾愛的句子及見解：

一、人際之間的「通」或「不通」是決定整個環境治或亂的重要關鍵。

二、「內健」，一種內在要求自我的生命態度。

三、在亂世，過度膨脹的正義感往往是災難的源頭。低調，有時不只是一種姿態，更是一種睿智的判斷。在充滿危難的時代，樸素、儉約是最明智的人生態度與生存策略。

四、在不好的時代發，是沒品；在好的時代不發，是沒用。

五、「包羞」的精神：

偉大的創造與領悟，源自偉大的心靈；偉大的心靈，源自偉大的折磨。

苦難是成長的必修學分。

委屈可以產生很大的力量。

六、無平不陂，無往不復，艱貞無咎，勿恤其孚。

七、生命力是否頑強，關鍵在根是否紮得夠深；無根的存在，是經不起大時代更張的考驗的。

真正的大同世界與平等人間

乾卦：用九　見群龍无首，吉

一連幾個卦都談到了外王的問題，那有沒有一卦談到外王、功業、社會理想、大架構的最高境界呢？事實上是有的，就是第一卦乾卦。

64卦，每卦六爻，這是固定體例。但只有第一卦乾卦與第二卦坤卦例外，乾、坤卦在「上九、上六」之後又多了一爻「用九、用六」，所以嚴格的說，乾、坤卦總共有七爻。大概是因為乾、坤卦是基本原理卦，特別重要，多了一爻「用九、用六」，即代表使用陽剛能量與陰柔能量的原則與態度。乾卦的「用九」是「**見群龍无首，吉。**」坤卦的「用六」是「**利永貞。**」而乾卦的「**群龍无首**」正是外王事業的最高境界。

「群龍无首」正是真正的大同世界與平等人間。

對這個成語意涵的認定，古、今的方向剛好是相反的。《易經》的本意，群龍无首指一種終極的理想；但今天說群龍无首意思就是一種無政府狀態。事實上，群龍无首的原意是講一個沒有誰騎在誰頭上的平等世間。魏晉的哲學家王弼註解乾卦就說：一個人擁有剛強的能量，而爬在他人的頭上，任何人的人性深處都是不甘願的；相反的一個人個性溫柔，卻缺乏正確的原則，則容易走上偏差邪惡的道路；所以乾的最佳狀態是「**无首**」，坤的最佳狀態是「**永貞**」。王弼說得好！**使用陽剛能量的原則就在謙虛，不要壓迫他人，不要成為他人的頭**。

但王弼的說法偏重在個人的修養上，落在更大的思維上，群龍无首是講人與人之間自由自在的共存、互敬之道啊！意思是說每個人都是尊貴的一條龍（龍比喻王者），沒有誰是老大，沒有誰比誰高貴，沒有領導，沒有統治者，沒有階級，沒有宰制性，這是真正的太平盛世啊！在群龍无首的理想世界裡，每個人都有屬於自己的道路、領域與不同的主體性，在成長的道路上，沒有誰能替代誰，成長必須是自我要求、自己面對的，在成長的道路上是沒有權威的，這是群龍无首的真義。要注意的是，這是陳義很高的文化理想，如果時機未至，勉強推行，反而會落入梁漱溟先生所說的文化早熟的危機，理想淪為災難，共產主義不就是如此嗎？理想主義造成的災禍殷鑑未遠啊！事實上，「**群龍无首**」正是共產思想能在中國文化裡找到的文化源頭。所以，我們嚮往群龍无首，也要小心群龍无首。

「**群龍无首**」的思想，在《莊子．齊物論》裡也有「**萬竅怒號**」的說法：「大塊噫氣，其名為風，是唯無作，作則萬竅怒號。」真理的能量吞吐出宇宙的長風，吹過千姿萬態的生命竅穴（**萬竅**），會奏鳴出浩瀚雄渾的宇宙交響曲啊（**怒號**）！也就是說，每個生命的聲音都是奔放的，每個生命的聲音都是莊嚴的，每個生命的聲音都是一樣珍貴的，每個生命的聲音都是來自於真理的能量，而且會交織出森羅萬象的生命樂章！這就是「**萬竅怒號**」的美麗隱喻，意義與「**群龍无首**」很相近，但更文學，更具有美感的意象。

關於這樣的理想社會的思想，在西方也有提出，最有名的當然是馬克思的共產主義。馬克思在他的著作《德意志意識形態》曾經提到：「在共產主義社會裡，任何人都沒有特殊的活動範圍，而是都可以在任何範疇發展，社會調節著整個生產，因而使我有可能隨自己的興趣今天幹這事，明天幹那事，上午打獵，下午捕魚，傍晚從事畜牧，晚飯後從事批判，這樣就不會使我老是一個獵人、漁夫、牧人或批判者。」理論上，馬克思主義的目標是為了實現完全個人自由的社會，上面一段文字所描寫的圖像其實是很美、很浪漫的，與「**群龍无首**」的含意頗為接近。但證諸歷史的事實，過度浪漫、完美的設計如果缺乏整體文化結構與人性品質的配套，是非常有可能引起難以收拾的軒然大波的。

站在外王事業的角度，我們面對「**群龍无首**」要非常慎重，過度的理想是很危險的。但「**群龍无首**」對個人的修養來說倒是很好的提醒，他告訴成長者必須不依賴權威、具備獨自上路的勇氣、敢於接受挑戰以及深刻的自我批判精神——**人生的這場仗，是完完全全屬於自己的**。這也是「**群龍无首**」思想的一種體認罷。小說家娥蘇拉•勒瑰恩在她的科幻名著《一無所有》中說得深刻：「**任何規則都是暴政，每個人都有責任不接受任何規則，採取自己的行動，為自己負責。只有當個人有這樣的體認，社會才能保持生命、改變、適應、存活。**」

也許，對「**群龍无首**」的真正理解，應該是這樣的：

《易經》所說的大同世界並不是假齊頭的暴力政治。

《易經》要我們敢於挑戰權威，但並不是說不需要尊重傳統的智慧。

我們真正要對抗的是權威，而不是前輩或前賢

《易經》要求成長者勇於負責，但勇於負責並不等於狂妄或驕傲。

我們要反抗太超過的暴龍，我們要尊重上代的老龍，也絕不欺負比我們稚嫩的小龍，更重要的，我們時刻不忘關照、餵養自己內心那條龍持續的生命成長，這才是真正品格意義上的不亢不卑。

64卦縱橫談

本輯「易卦篇」的前二十篇文章，總共討論過18個卦，大約是《易經》64卦四分之一的內容。在最後的這篇文章中，筆者嘗試帶讀者走一趟64卦巡禮，縱橫略論一遍整部《易經》的內容，稍補本輯討論廣度的不足。當然，要說明的是，這是一篇淺談、簡介、瀏覽的文章，並不是對64卦做一次深刻而系統的整理，也就是說，上二十篇文章是深度的分析，最後這一篇則是廣度的補述。

基本的說明：《易經》64卦，第一個卦，第二個卦是乾卦與坤卦，乾、坤卦稱為「基本卦」、「基本原理卦」或「總綱卦」——將整部《易經》或易學原理做一個整體的說明，事實上，乾、坤卦也可以視作一張「人生的總藍圖」。總之，1、2卦是整體，其他62卦就是局部了，62卦等於是62個人生問題或從62個角度切入討論人生。進一步，往上歸納，基本上64卦都是兩卦一組，有些組是「綜」的關係，有些組是「錯」的關係，而有些「綜」（兩個卦）與「錯」（兩個卦）相互涉入，互為綜錯，變成四卦一組，所謂「錯綜複雜」。因此64卦根據綜與錯的原理可以往上歸納成20組。但本篇不是64卦的專論，不採取太系統的歸納與整理，基本上還是用兩卦一組的討論方式。

好了，我們來漫遊一遍64卦罷。先看看64卦的卦名：

1 乾	**2 坤**	**3 屯**	**4 蒙**	**5 需**	**6 訟**	**7 師**	**8 比**
9 小畜	**10 履**	**11 泰**	**12 否**	**13 同人**	**14 大有**	**15 謙**	**16 豫**
17 隨	**18 蠱**	**19 臨**	**20 觀**	**21 噬嗑**	**22 賁**	**23 剝**	**24 復**
25 无妄	**26 大畜**	**27 頤**	**28 大過**	**29 坎**	**30 離**	**31 咸**	**32 恆**
33 遯	**34 大壯**	**35 晉**	**36 明夷**	**37 家人**	**38 睽**	**39 蹇**	**40 解**
41 損	**42 益**	**43 夬**	**44 姤**	**45 萃**	**46 升**	**47 困**	**48 井**
49 革	**50 鼎**	**51 震**	**52 艮**	**53 漸**	**54 歸妹**	**55 豐**	**56 旅**
57 巽	**58 兌**	**59 渙**	**60 節**	**61 中孚**	**62 小過**	**63 既濟**	**64 未濟**

首先是基本八卦。關於八卦，上一輯「道德・哲學篇」中〈八卦與陰陽〉一文，已經談過八卦的含意，我們做一個扼要的整理：

☯乾卦：人生總藍圖的理想面。
坤卦：人生總藍圖的現實面。

☯離卦：人生的順境與光明面。
坎卦：人生的逆境與黑暗面。

這兩卦是上下的關係。

☯震卦：動態的人生。

艮卦：靜態的人生。

這兩卦是動靜的關係。

這兩卦是順逆的對照。

☯巽卦：講生命的順從。

兌卦：講心靈的喜悅。

這兩卦講順悅的因果。

接著是第3卦屯卦與第4卦蒙卦：

☯屯卦：屯卦是談「出生」的一卦。

☯蒙卦：蒙卦是談「教育」的一卦。

乾、坤卦是「基本原理卦」，所以屯卦實際上算第一卦。人生的第一個問題當然就是出生，但屯卦講的出生不限於指小嬰兒的出生，從一個組織的出生、一個國家的出生、一個時代的誕生、一種風氣的出現、一個思潮或觀念的開始、甚至一個家庭的出生、一段關係的出現……等等，都包含在屯卦的範圍。而屯卦談出生問題的一個特點，就是「屯難而生」，是啊！新生命的誕生隱藏著很大的艱辛與毀滅性。筆者曾陪妻子生產大女兒，全程目睹，整個生產的過程從陣痛開始總共32小時！妻子在過程中所忍受的痛苦不忍心再說，小女嬰終於在第二天的晚上十點三十三分出生，當時產房只剩下我們這一組人在奮鬥，女兒出生的一瞬間，我的主觀感受是整個產房能量爆炸了，大艱難後的大歡喜！讓我體悟到屯卦「**先艱難而後心悅**」的況味，而且當媽媽的太偉大了！生孩兒真是太不容易了！我那幾天走在路上，感到每一位擦身而過的媽媽頭上都閃著光環哩！再說說「屯」這個字，這個字很有意思。屯的小篆是，一橫是地面，地面下是破殼的種子，植物的幼苗想要破土而出，但對小種子來說地表很硬，頂呀頂呀的頂不出來，但生命一定會找得到出路，於是往下生長了長長的根鬚，好吸收更多的養分再一舉破土，終於吸飽了土地的能量，頂破地表，冒出一點點小苗苗來。所以「屯」這個字本身就是一幅生命出生的圖像啊！好，接下來，人生的第一個問題是出生，出生之後面對的問題就是長大之後要接受教育，那就是蒙卦了，蒙卦就是《易經》的教育概論。

接著是第5卦需卦與第6卦訟卦：

☯需卦：需卦談「物質慾望」。　☯訟卦：訟卦談「法律訴訟」。

一個人接受教育長大，還是會碰到慾望的引誘，所以第五卦是需卦。本輯有一篇文章專論過需卦，就不重複分析了。基本原則，需卦的重點是「不加強」慾望。萬一慾望的加重造成人與人之間的爭執，就可能訴諸法律途徑解決了，所以需卦之後是訟卦，而訟卦的重點是，官司嘛，能不打最好「不打」——息訟。

接著是第7卦師卦與第8卦比卦：

☯師卦：師卦的主題是「群眾運動」。　☯比卦：比卦的主題是「人際關係」。

師原本是一個軍事單位，兩千五百人一師，引申為群眾的意思。比字的小篆是，指一個人跟隨另一個人，事實上所有人與人之間的關係都是一個人跟隨另一個人，所以比的意思就是指人際關係。那麼師與比的相對性就很明顯了——

師，領導群眾運動的智慧。師是一個人vs一群人。

比，人際關係之間的智慧。比是一個人vs一個人。

接著是第9卦小畜卦與第10卦履卦：

☯小畜卦：小畜卦的主題是「小小的修養」。 ☯履卦：履卦的主題是「行動」。

不管是群眾運動還是人際關係都需要擁有成熟的人格，才能好好的面對，所以師、比兩卦之後就是小畜卦。小畜就是小小的修養，在學問、知識、能力、經驗、品德、言行等各方面努力鍛鍊自己，雖然真誠，但還是年輕，格局未廣，「密雲不雨」——有開展，未收穫，所以是小畜。至於大畜如何格局比較深厚開闊，下文再討論。但不論怎樣修養，終點還是要落在行動上。行動是最後的修養，所以小畜卦之後是履卦。履的原義是鞋子，引申為走路，再引申成穿透生命歷程的具體行動啊！

接著是第11卦泰卦與第12卦否卦：

☯泰卦：泰卦的主題是「通」。　☯否卦：否卦的主題是「不通」。

「通」是很重大的生命狀態。兩個國家、兩岸、政府人民、執政黨在野黨、上級下級、同事、朋友、親子、兄弟、師生、甚至理想現實、思想感情、理論實際之間都講究順暢的溝「通」與理解。相反的，如果「不通」，就會產生種種隔閡、窒礙、困難與停滯的人生逆境。這兩個卦前面已經有專文討論，就不贅言了。

接著是第13卦同人卦與第14卦大有卦：

☯同人卦：同人卦是「善與人同」。　☯大有卦：大有卦是「大有天下」。

承著上兩卦泰否，如果整體局面通達，正向力量沒有邊界，衝破人與人之見的藩籬與界限，就是「善與人同」的境界了。而這種澤被天下的格局可能就是「大有天下」的大同世界了。所以這兩卦比較是大局面的角度與內容。

接著是第15卦謙卦與第16卦豫卦：

☯謙卦：謙卦談「謙德」的境界。　☯豫卦：豫卦說「快樂」的智慧。

從大局面回到個人修養，謙卦是《易經》認為個人修養的最高境界——君子有終，也是64卦裡唯一六爻皆吉的一卦（唯一六爻皆凶的卦是恆卦，下文再談）。謙，真正的涵義是「中空狀態」，那是一種吸收性心智，那是最佳學習狀態，那是一種無為的精神修養。謙、學習、成長到一定程度，就會自然而然的湧現快樂，那就是豫卦了。快樂能量很澎湃，但也有要小心的地方，至少不要「**鳴豫**」，喧耀快樂，愛現，容易引起內心不快樂的人的忌恨甚至報復，就真的是樂極生悲了。這兩卦也有專文討論過了。

接著是第17卦隨卦與第18卦蠱卦：

☯隨卦：隨卦的主題是「潮流的盲從」。　☯蠱卦：蠱卦的主題是「傳統的包袱」。

這兩個卦的視角很有意思。

前一卦豫卦談快樂，樂久了又會出現隨和、隨順、隨便的人性軟弱，廣而論之，就是盲從潮流，被潮流拉著跑，失去自我，隨波逐流等等的成長危機。相對的，隨卦說潮流，蠱卦就是談傳統了，蠱卦在前面的文章談過了，「蠱」這個字就是盤中鮮肉慢慢長蛆，這是一個象徵，象徵每一個古代傳統本來都是深厚活潑，很有生命力的；但人生所有的東西都一樣，時間久了就會出現問題，小問題不處理就會變成大問題，大問題不處理就會變成沒問題，因為不用處理了，整個系統都腐敗，爛掉了。所以蠱卦的內容主要是講如何去承擔上代流下來的包袱。

這兩個卦比較是從負面的視角去談現代與古代。其實都是在講「盲目」。現代的盲目是沒有根的盲目，古代的盲目是根紮太深的盲目。沒有根的盲目會輕浮，根紮太深的盲目會頑固。

另外，隨卦還有一點很有意思，就是隨卦是少見的七、八個四卦德齊備（元亨利貞）的卦的其中之一。隨波逐流怎麼會四卦德皆備呢？所以隨卦有歧義：不好的隨是隨波逐流，厲害的隨是跟隨真理、大自然或本性的腳步啊！太極拳的順己從人，就是一種技擊上的隨。同理，順著水流，會沒有困難；逆水而行，會沉下去的。

接著是第19卦臨卦與第20卦觀卦：

☯臨卦：臨卦的主題是「行動」。

☯觀卦：觀卦的主題是「觀察」。

這是很正面的兩個卦，應該是談行動力與觀察力最古老的傳統智慧。

臨卦談行動力，觀卦談觀察力。沒有行動勇氣的觀察是袖手旁觀，沒有冷靜觀察的行動是魯莽衝動。「臨觀」的整體性智慧到了孔子時代變成「學思」（學而不思則罔，思而不學則殆——學是學做人，思是學知識；前者是行動性的學習，後者是知識性的學習），到了明代則演變成「知行」（王陽明知行合一的學說）。所以從臨觀→學思→知行，可以看到一個思想演變的過程。而後代著名的「知行合一」的最原始版本就在《易經》啊！

臨卦是一個人生不同階段的行動智慧全紀錄，本輯已經有專文討論過了。觀卦則講論種種「觀」的智慧——周觀天下（整體性的眼睛）、觀內不觀外（內觀的眼睛）、觀德不觀形（重視成長心得的眼睛）、童觀（純真的眼睛）、窺觀（細心見微的眼睛）、返觀（自我了解的眼睛），宏觀（大視野、大方向的眼睛）、觀民（關懷他人的眼睛）與仰觀（學習前賢、大德的眼睛）。

這兩卦很精采吧！行動家加觀察家，這就是一個最壯大、強健的生命行者吧！

接著是第21卦噬嗑卦與第22卦賁卦：

☯噬嗑卦：噬嗑卦的主題是談「決斷力」。

☯賁卦：賁卦是《易經》的「藝術概論」。

這兩個卦的連結很特殊，噬嗑卦談決斷力的問題，賁卦則是談藝術、美感、審美經驗的一卦。表面上，這兩個卦風馬牛不相及，但一定有更深層的內涵在中間串連著。

噬嗑卦的卦象很有意思：「噬膚滅鼻」。講古代的獵者出獵，一箭射中大野豬，結果有毒的銅箭頭深深陷進骨肉之中，拔不出來，但不拔出來，整塊豬肉都會毀了，那好，手拔不出來，就用牙齒咬吧，於是獵者用牙齒咬住僅剩下的短短箭桿，使勁地拉，用力到連鼻子都埋在豬肉裡了（滅鼻）。這個卦象的意義是說，有時候找到生命問題的「元凶」，得抓緊時機，不要手軟與牙軟，拿出強大的決斷力，甚至要用上一點野蠻的力量，一舉將問題根除。

賁卦講藝術、裝飾與美的問題，讓筆者印象最深刻的是上九爻的「白賁」，真是絕妙好爻呀！一個談美感的卦談到最後竟然是美的形式的歸零與返璞歸真！白賁的意思就是不裝飾，賁卦告訴我們裝飾的極致是一點也不裝飾。這是一種反飾於質、文不奪質、飾終返素的大魄力——從形式的美回歸文明的生命力，形式不能超過與搶奪內容及本質，形式的雕琢到最後卻是回到形式的樸素。賁卦兩個《易傳》的解釋也很好玩，《序卦傳》說：「賁者，飾也。」《雜卦傳》卻說：「賁，無色也。」合起來看，就是裝飾、藝術、美感的最高境界就是無色之美啊！無色，是最繽紛的顏色；空白，擁有最大的可能。

也許，噬嗑卦比較野蠻，賁卦卻很細緻，是這兩個卦組合的原因吧。

接著是第23卦剝卦與第24卦復卦：

☯剝卦：剝卦的主題是「殞落」。　☯復卦：復卦的主題是「甦醒」。

剝卦是生命能量的行將消失殆盡，復卦是生命能量的再度重新萌吐；同樣是五個陰爻一個陽爻，剝卦唯一的陽爻是上爻（最後一爻），代表陽剛能量快要維持不住了，復卦唯一的陽爻在初爻（第一爻），象徵陽剛能量在生命底層的復甦與啟動；剝卦是能量的趨向空無，所以是凶卦，復卦是能量的往上發展，所以是吉卦，這兩個卦有一點發展性的關係；也就是說，剝卦有死亡的氣息，復卦則有新生的味道。

更深層的想，剝復的現象出現在許許多多生死空有的浮沉變化之中，人生本來就是剝極而復，復盡又剝，生命都有向光性，但擁抱光明的同時，也要學習允許與接納影子的存在。

接著是第25卦无妄卦與第26卦大畜卦：

☯无妄卦：无妄卦的主題是「无妄之災」。

☯大畜卦：大畜卦的主題是「壯大的修養」。

前面第9卦小畜卦是年輕時代的刻苦自學，雖然努力，格局未廣，只能算小小的修養；而大畜卦之所以稱為壯大的修養，是因為大畜卦的原因是災難與痛苦，而且是莫名其妙的災難與痛苦——无妄之災。人生有時總會被天上掉下來的狗屎砸中，面對无望之災，成長者不會急著為自己分辯，而是像《象傳》說的：「輿脫輹，中无尤也。」大車子沒有緣故的脫落了輪軸，遇到衰運，成長者內心沒有怨尤，而是利用意外的災難來壯大自己的成長。人總是要遇到挫折與痛苦才能真正的成熟，所以氣象就會壯大。正如本輯前面的專文所說，從无妄卦到大畜卦的**觸媒是痛苦智慧，關鍵是停止哲學，目標是生命茁壯**。整理成如下的生命公式：**災難↓痛苦↓停止↓壯大的養德修身**。

接著是第27卦頤卦與第28卦大過卦：

☯頤卦：頤卦的主題是「養德」。

☯大過卦：大過卦的主題是「重大的過失」。

這兩個卦的連接也是耐人尋味。

頤這個字的本義是臉頰肉，成語大快朵頤就是指吃到好吃的東西，臉頰兩邊的肉一直在動。頤卦的主題是養德，重點是說心靈的糧食要自己吃到才算，看別人的德養得多好，看別人的著作寫得多好或仰慕著前賢先聖，都不算數，別人不能替代自己成長，自己真正有成長、有養德，才是真實的。但大過卦好像在講一個很不好的時代，整個時代的棟梁都彎了（棟撓），有點要在廢墟中重建的意味（枯楊生華）。問題是，為什麼頤會造成大過？是說個人的養德不足以面對大時代的動盪？還是說有時候一個君子反而會犯下更嚴重的過失？也許，比較一下下文談的小過卦，會得到一點答案吧。

接著是第31卦咸卦與第32卦恆卦：

☯咸卦：咸卦的主題是「感性／感動」。 ☯恆卦：恆卦的主題是「理性／思想」。

咸恆二卦就是《易經》談「感性與理性」的兩個卦。

咸卦談「感性／感情／感動」的問題。它告訴我們感動要懂得停止，適可而止的感動才會湧現心靈的喜悅，感動變成放縱反而會帶來痛苦。咸卦又告訴我們做任何事情都必須要有真正的感動，路才會走得通；但緊接著丟出補充原則：感動的對象必須正當，不然，對看A片感動、對砍人感動、對嗑藥感動、對縱慾感動……就不好了。此外，咸卦的卦象很好玩，用了六個人體部位來比喻不同感動的狀態。

恆卦則談「理性／思考／頭腦」的問題。個人覺得，恆掛的卦象沒有咸卦那麼活潑豐富，但這個卦有一點意味深長的是：恆卦幾乎是64卦中唯一六爻皆凶的一個卦！為什麼談理性的卦六爻皆凶呢！這就是《易經》深刻的地方。《易經》深深知道理性能力或頭腦作用是人類這個物種獨有的強大武器，但理性與頭腦也可能造就非常危險的災難啊！試想像核武器、宗教戰爭、意識形態戰爭、金錢遊戲、資源浪費、溫室效應、生態破壞等等，不都是人類理性造成的後果嗎！恆卦九四爻的「田无禽」比喻生動，就是說人類長久過度發展理性，不重視內在德性的開發與成長，最終就像一場沒有任何收獲的田獵，徒勞無功。

再提一點很有意思的，《雜卦傳》解析這兩個卦：「咸，速也。」「恆，久也。」就是說感動、感情的決定或感知的作用是很迅速的，相對的，真正的思考其實重點不在結果，而在縝密、漫長的思想與研究過程。心靈是很快的，頭腦往往跟不上心的速度與敏銳。

接著是第33卦遯卦與第34卦大壯卦：

☯遯卦：遯卦的主題是「退隱的態勢」。

☯大壯卦：大壯卦的主題是「壯大的力量」。

遯卦退隱，特點是保守；大壯卦壯大，自然會進取。所以大壯與遯等於是64卦中談「進與退」的兩個卦。

人生的進退是門大學問啊！退，退得好是靈巧機智，退不好是懦弱𡚶𡚶；進，進得好是剛強果決，進不好是魯莽衝動。能進的退是權宜之計，知退的進是謀定後動。所以退可以是智慧，進可以是氣勢。事實上，進退是一體動態的，歷史上許多厲害的兵法家就能將這種進退的學問玩得出神入化。

但《易經》處理這兩個卦很好玩，講退的遯卦比較多正面的論述，講到進的大壯卦卻著重說明力量太大所造成的危機。正面講「退」，反面講「進」，或者從這裡可以看出傳統文化微妙的偏重與主題。事實上，如果運用得老辣，退可以是一種很厲害的步數與力量，打球、打拳、商場、戰場，莫不如此。哈！退常常是為了更有效的打倒敵人。

遯卦最精彩的是後面三爻——好遯、嘉遯、肥遯。好遯是人格意義上的退，嘉遯是社會意義上的退，肥遯是修行意義上的退。人格高度的退成就了風度，社會高度的退顧全了大局，修行高度的退則打開了心靈的空性與覺知。至於大壯卦，筆者最記得的，當然就是九三爻那隻尷尬的公羊了。本輯已有專文討論，請參考。

接著是第35卦晉卦與第36卦明夷卦：

☯晉卦：晉卦的主題是「盛世」。

☯明夷卦：明夷卦的主題是「衰世」。

上兩卦講進退，這兩卦講盛衰。

晉卦談盛世，卦象是旭日的景象，但到最後一爻有點晉過頭了，有一點妄啟戰端的輕舉妄動。明夷卦談衰世，卦象是落日的景象，夷是受傷的意思，明夷就是大明受傷，但整個明夷卦都在強調鼓起大力氣面對時代的挑戰。這是兩個討論大時代的卦。

接著是第37卦家人卦與第38卦睽卦：

☯家人卦：家人卦的主題是「和諧」。

☯睽卦：睽卦的主題是「分裂」。

大壯與遯談「進退」，晉與明夷談「盛衰」，那家人與睽就是談「內外」的兩個卦了。

家人卦是很美好的一卦，家人卦是談持家之道的一卦，家人卦就是媽媽的卦。媽媽才是一個家庭的靈魂啊！家人卦談家內，相對的睽卦就是談家外。離開家，人生的道路總是不順遂啊！所以睽卦的內容與家人卦全然不同，充滿了馬丟掉了（喪馬）、遇見機車的人（見惡人）、車子陷住拖不出來（見輿曳）、還看到豬滿街亂跑的怪景象（見豕負塗）等等的意外與艱險，甚至看到鬼了（載鬼一車）！真是不順啊！更深層的意義，家人卦談家內，家內重視和諧，睽卦講家外，人生充斥著分裂的情事，所以這二卦真正要討論的其實是「和諧與分裂」的智慧。

接著是第39卦蹇卦與第40卦解卦：

☯蹇卦：蹇卦的主題是「難行」。

☯解卦：解卦的主題是「解難」。

這兩個卦比較講大時代的問題。

「蹇」是難行的意思，而蹇卦主要的功夫是「回來」，停一停，不要隨著整個時代往前衝，有時候一味的熱血不見得是勇敢，懂得「回」與「停」的修養並不容易，一停下來就會出現許多活路，有覺知的等待不是逃避，是「熬」的成長功夫。

蹇卦講「難行」，解卦就是「解難」囉。解卦有個卦象很關鍵：「田獲三狐」，解卦認為解決時代的困難最主要是剷除權奸，將幾個壞傢伙拉下馬，整個政局才會得到澄清。但從當代的角度思考，三狐就不一定指政壇上的個人了，而更指危害全球的幾個關鍵問題：生態災難，資本主義，心靈扭曲。嘿！剛好也是三個，現代意義的「三狐」吧。

接著是第41卦損卦與第42卦益卦：

☯損卦：損卦的主題是「減損」。　☯益卦：益卦的主題是「增益」。

損卦與益卦是《易經》談「減與加」的兩個卦。這兩卦的主題是減損與增益——生命中的減法與加法。生命有時候需要用減法，有時候需要用加法；道家著重談減法，儒家傾向談加法；減法老莊稱為「無為」，加法儒家稱為「有為」。

損卦講生命成長的減法，卦象是「山下有澤」——澤是海洋，山下有澤就是岸邊斷涯的景象，指大海會不斷侵蝕岩石，也是減損的意象。卦性則是「悅而止」——高興、喜悅要懂得喊停，才能返歸心靈的清淨。至於益卦，像上文說的，是指各種能力的增益，卦象是「風行雷厲」或「風雷相益」——生命的成長是驚動天地的大動作啊！益卦的內容比較正面，各爻內容大概講益財、益民、益德、甚至益道——理財能力的增益、領導能力的增益、德性能力的增益、心靈能力的增益。

減法讓生命歸零，加法讓人生茁壯。有減法的加法，保證生命成長的健康；有加法的減法，避免心靈陷入虛無。

接著是第43卦夬卦與第44卦姤卦：

☯夬卦：夬卦的主題是「決陰」。☯姤卦：姤卦的主題是「遇陰」。

這兩個卦同樣是五陽一陰，但夬卦唯一的陰爻在最上爻，姤卦唯一的陰爻在最初爻。在最上爻代表小人竊居高位，在最初爻代表小人才剛開始從基層冒出來。所以夬卦的重點是講如何與小人對決，因為在最高位的小人就不是小人了，根本是惡人了，所以佔住形勢，就不要手軟，一鼓作氣將最上位的惡人拉下來。至於姤卦的重點是講如何與小人相處，在初位的小人未成氣候，他只是小人，還未成惡人，面對他主要是導正，不需要太兇。

本輯已經有專文討論過夬卦了，夬卦根本就是《易經》的革命實錄。姤卦則告訴我們面對初位的小人，固然不要與陰勢力妥協，但也不要與之對抗，懷柔、導正、攏絡，有時候是需要的。

接著是第45卦萃卦與第46卦升卦：

☯萃卦：萃卦的主題是「聚集」。

☯升卦：升卦的主題是「提升」。

這兩卦是談振興國力的兩個卦。

萃卦談「聚集」，卦象就是大水積聚的光景——比喻力量的聚集可以是機會，也可能是災難。所以不能光談「量」的聚集，接著還要講「質」的提升。升卦講「提升」，卦象是樹木的生長——這是生命成長的力量。從力量的累積到品質的升階，這是一個真正大國的問世。所以這兩卦是因果關係的兩個卦。

接著是第47卦困卦與第48卦井卦：

☯困卦：困卦的主題是「困難」。

☯井卦：井卦的主題是「心靈」。

困卦當然就是談論人生的種種困難囉，而井卦是《易經》的心性論或本體論，談心靈的一卦。井卦告訴我們解決人生困難最究竟的法門就在心靈啊！因為所謂困難，從最深入的地方思考，其實都是我們自己造成的，我們是自己人生這齣戲的導演與主角，我們可以決定自己的這齣戲究竟是喜劇？悲劇？好戲？還是拖棚的歹戲？相由心生，外境，也是由心生的，所以解鈴還須繫鈴人嘛，心是破除幻象的最佳神兵，心靈是解決人生困難最便捷的法門。

這兩個卦的詳細內容在本輯都有專文討論過了，請參考前文。

接著是第49卦革卦與第50卦鼎卦：

☯革卦：革卦的主題是「革命」。　☯鼎卦：鼎卦的主題是「建國」。

這兩個卦談革命建國。

革命的基礎在自我生命的蛻變與成熟，革別人的命之前，先革好自己的命啊！唯有成長為大德者，才有資格談建國大業。鼎是建國神器，所謂問鼎天下，鼎以大、厚、重為佳，才是立國的大氣象。

接著是第53卦漸卦與第54卦歸妹卦：

☯漸卦：漸卦的主題是「漸進」。　☯歸妹卦：歸妹卦的主題是「結合」。

這兩卦用了兩性的交往作為卦象。

男追女的過程要慢慢來，不要急躁嚇跑人家，所以要漸。等到愛情成熟，就要結合了，歸妹就是女孩出嫁的意思。愛情的行進，一定要有耐心經營，細火慢燉，才能成就一鍋美味的佳餚。

漸卦本身的卦象是那隻鴻鳥。鴻是水鳥，從這隻鴻鳥的歷程可以覷見「漸」的道路：從

「鴻漸于干」→「鴻漸于磐」→「鴻漸于陸」→「鴻漸于木」→「鴻漸于陵」→「鴻漸于陸」的歷程比喻中國文化從超凡入聖→超聖入凡的文化宏旨。人生，總是真理學習的最後一站。

至於歸妹卦卻充滿凶險的卦象：嫁給人當妾室、內心充滿隱憂、婚禮誤期、嫁不出去、去摘果子卻一無所獲、宰一隻羊竟然沒有一滴羊血！哇哩！結合之道真不容易啊！像兩個宗教的互相包容，兩國談判，兩個種族的溝通了解，兩個文化的會通，兩個男女的愛情冒險……等等，結合之道充滿艱辛險阻的卦象。

接著是第55卦豐卦與第56卦旅卦：

☯豐卦：豐卦的主題是「豐富」。

☯旅卦：旅卦的主題是「匱乏」。

豐卦談豐富，豐富不是挺好的嗎？但整個豐卦卻著重在說豐富之後可能會出現的問題。所以《雜卦傳》說：「豐，多故也。」豐富的生活會出現很多的變故啊！想想也對，人有錢了，生活容易墮落；地位高了，姿態容易傲慢；勢力大了，容易滋生事端；學問多了，更容易胡思亂想！是啊！欠缺內在的成熟，面對外在的豐富，很可能就是災難的開始。我想這就是《易經》豐卦的主要思維吧。

豐旅這兩卦是因果的關係，就像上段所說的，如果對豐富處理不好，一個富裕的社會卻每個人都像在過臨時的一生，只懂吃喝玩樂，只懂消費、旅遊、名牌、潮流，卻沒將生活過出更悠久的質感，豐富就會陷落成匱乏了。旅，並不一定指外在的旅行或流浪，更指內心的貧乏與萎縮。所以到底是不是人生如旅，讓人生變得破碎零落，其實還是由人心所決定。沒錢，日子還是可以過得很深厚、很充實；有錢，也可以活得像乞丐般沒尊嚴與貪婪——窮得只剩下錢嘛。

接著是第59卦渙卦與第60卦節卦：

☯渙卦：渙卦的主題是「渙散」。　☯節卦：節卦的主題是「節約」。

這是談「渙散與節約」的兩個卦。

這兩個卦好像是在講一個大亂的時代與大亂過後的節約。

面對一個大亂、渙散的局面，應該採取什麼態度呢？在渙卦裡，《易經》建議的是「進」，不是「退」；是積極，不是保守；是勇氣，不是謹慎。因為在非常時刻，就別說啥休養生息、謀定後動了，不強勢一點，連生存都成問題了。動亂的局面稍稍平息，最危險艱難的時刻終於過去了，但留下一片廢墟，而在重建的工作與歲月中，「節約」無疑是一個很重要的態度。當然「節」除了節約，也有戒律、規矩的意思。但《易經》著重的是「甘節」——能夠在節約、戒律、規矩之中發現甘美的心靈糧食，利用物質的節約還原心靈的素淨，這是一種內在成長的態度。而不主張「苦節」——感覺到節約、戒律、規矩很苦，很嚴峻，太刻苦的規矩不近人情，就不是正道了。

接著是第61卦中孚卦與第62卦小過卦：

☯中孚卦：中孚卦的主題是「大信」。☯小過卦：小過卦的主題是「小信」。

中孚卦談「大信」的問題，只有從心靈出發的真誠才稱得上是大信。中孚卦的卦象是「風行海上」，這個卦象很有意境——風是抽象的東西，但吹拂海面，卻確實對水面有影響，象徵心靈的誠信是無形的，但確實能夠感人感物啊！卦辭用祭禮的輕重來比喻：「中孚，豚魚，吉。」豚是小豬，魚是鮮魚，對祭禮而言算是薄祭，但只要是發自內心的誠信，誠能感物，仍然是吉的。也就是說，是否對一個人好，不在禮物的輕重，而在有沒有一顆真誠的心。

相對的小過卦談原則的小信。基本上，「小過」有兩層含義：一、中孚卦講心靈的力量，格局宏大，小過卦比較像是固執小小的信用，死守原則，不是從心靈出發，所以只是小信——小小的過得去；二、但不管怎麼樣，講信用還是好的，所以不知變通造成的錯誤，也頂多是小小的過失。所以小過卦的教訓就是太執著於小正小信而不知變通的錯誤。

接著是第63卦既濟卦與第64卦未濟卦：

☯既濟卦：既濟卦的主題是「完成」。☯未濟卦：未濟卦的主題是「未完成」。

最後兩卦既濟卦與未濟卦談「完成」與「未完成」之道。濟是渡河的意思，對古人來講渡河是件大事，有一定的危險程度。所以既濟就是已經過河，未濟就是還沒過河。64卦是結束在

「未完成」，而不是結束在「完成」，這就是《易經》的未完成哲學——未完成才是人生的常態，甚至不容易完成的事情可能才是人生的主題，生命的意義在過程與沿途的風景，而不在終點與目的地。

其實最能代表既濟卦與未濟卦的兩句經文是「初吉終亂」與「无成有終」。歷史上出現過太多「初吉終亂」的事件，一個事業完成或接近完成常常會引發下一波的亂象與災難。至於「无成有終」是說真正重要的事都是幾十年甚至一輩子做不完的（无成），但每代人的生命都有結束的一天（有終）。

做完的，不重要；做不完的，才是主題。做完了，小心危險；還沒做完，反而是最警覺的。過程往往是最幸福的，未完成才是最璀璨、最輝煌、最覺知的生命時刻。

新銳生活16　PA0081

新銳文創
INDEPENDENT & UNIQUE

人生行動，行動人生
——生活中的儒道與易經智慧

作　　者　鄭錠堅
責任編輯　廖妘甄
圖文排版　楊家齊
封面設計　楊廣榕

出版策劃　新銳文創
發 行 人　宋政坤
法律顧問　毛國樑　律師
製作發行　秀威資訊科技股份有限公司
114 台北市內湖區瑞光路76巷65號1樓
電話：+886-2-2796-3638　傳真：+886-2-2796-1377
服務信箱：service@showwe.com.tw
http://www.showwe.com.tw
郵政劃撥　19563868　戶名：秀威資訊科技股份有限公司
展售門市　國家書店【松江門市】
104 台北市中山區松江路209號1樓
電話：+886-2-2518-0207　傳真：+886-2-2518-0778
網路訂購　秀威網路書店：http://www.bodbooks.com.tw
國家網路書店：http://www.govbooks.com.tw

出版日期　2015年4月　BOD一版
定　　價　290元

Printed in Taiwan

國家圖書館出版品預行編目

人生行動, 行動人生 : 生活中的儒道與易經智慧 / 鄭錠堅著. -- 一版. -- 臺北市 : 新銳文創, 2015.04
面 ;　公分. -- (新銳生活 ; PA0081)
BOD版
ISBN 978-986-5716-53-0 (平裝)

1. 中國哲學

120　　　　104002286

讀者回函卡

感謝您購買本書，為提升服務品質，請填妥以下資料，將讀者回函卡直接寄回或傳真本公司，收到您的寶貴意見後，我們會收藏記錄及檢討，謝謝！如您需要了解本公司最新出版書目、購書優惠或企劃活動，歡迎您上網查詢或下載相關資料：http:// www.showwe.com.tw

您購買的書名：____________________

出生日期：________年________月________日

學歷：□高中（含）以下　□大專　□研究所（含）以上

職業：□製造業　□金融業　□資訊業　□軍警　□傳播業　□自由業

□服務業　□公務員　□教職　□學生　□家管　□其它____

購書地點：□網路書店　□實體書店　□書展　□郵購　□贈閱　□其他

您從何得知本書的消息？

□網路書店　□實體書店　□網路搜尋　□電子報　□書訊　□雜誌

□傳播媒體　□親友推薦　□網站推薦　□部落格　□其他________

您對本書的評價：（請填代號　1.非常滿意　2.滿意　3.尚可　4.再改進）

封面設計____　版面編排____　內容____　文／譯筆____　價格____

讀完書後您覺得：

□很有收穫　□有收穫　□收穫不多　□沒收穫

對我們的建議：____________________

____

____

____

請貼
郵票

11466
台北市內湖區瑞光路 76 巷 65 號 1 樓
秀威資訊科技股份有限公司 收
BOD 數位出版事業部

（請沿線對折寄回，謝謝！）

姓　　名：＿＿＿＿＿＿＿＿　年齡：＿＿＿＿　性別：□女　□男

郵遞區號：□□□□□

地　　址：＿＿＿＿＿＿＿＿＿＿＿＿＿＿＿＿

聯絡電話：（日）＿＿＿＿＿＿＿＿（夜）＿＿＿＿＿＿＿＿

E-mail：＿＿＿＿＿＿＿＿＿＿＿＿＿＿＿＿